명화로
만나는
성경

KB192225

「아담의 창조」에서 「최후의 심판」까지
그림 감상으로 접하는 주님의 섭리와 가르침

명화로
만나는
성경

이석우 지음

아트북스

명화로 만나는
성경의 가르침

　이 책에서 저는 지금까지 겪어온 제 신앙에 대한 생각과 믿음들을 명화로 손꼽히는 성화를 통해 얘기하려 합니다. 하지만 솔직히 말하건대 기독교에 대한 저의 이해는 늘 부족하고 믿음의 진전 속도는 느리기만 했습니다. 그럼에도 하나님께서는 항상 참고 기다리시며 지금까지 저와 동행해주셨습니다. 이 책을 쓰는 과정에서도 주님의 뜻을 이해하고 저 스스로 변화하게 된 점, 감사드립니다. 저같이 부족한 사람에게 신앙의 길은 미완의 과정이자 나그넷길로 보이고, 끝내 이 신앙을 완성시켜주실 분은 하나님뿐이라는 생각이 듭니다. 제 삶에 부끄러움이 많지만 그럼에도 "인생에서 가장 잘한 선택이 무엇인가"라고 묻는다면 신앙인이 된 것이라고 감히 말하고 싶습니다.

　종교와 문화 그리고 미술은 떼놓을 수 없는 관계입니다. 일찍이 영국의 문명사학자 토인비Arnold Toynbee, 1889~1975가 '종교는 문명의 누에고치'라고 비유했듯이 종교는 문명의 모태가 되었습니다. 근현대에 들어서는 달라지고 있지만 고대부터 종교는 한 시대를 이끌고 가거나 그 시대정신을 직간접적으로 만드는 동인이 되어왔습니다. 그리고 예술은 그것을 표현하는 매체였을 뿐 아니라, 종교 그 자체를 발전시키는 역할 또한 담당했습니다. 예를 들면 서양 중세의 기독교 문화는 로마네스크, 고딕풍의 건축물에서뿐 아니라 성경 필사본, 성상화 등에 숨김없이 담겨 있습니다. 우리 역사에서도 고려의 불교문화는 사찰건축이나 불화, 석탑, 조각품 등에 표현되고 조선시대의 유교, 성리학의 정신은 문학, 백자, 서화 등에 한껏 발현되었습니다. 이처럼 종교와 예술은 근원을 공유했을 뿐 아니라 서로 도우며 성장해왔습니다. 물론 서로를 경계하는 면도 있었지만 또한 풍요롭게 한 것도 사실입니다.

성경의 가르침과 주제 들은 예술의 거장들에게 도전적 주제이자 영감이 되어왔습니다. 이 책에서는 명화들을 보면서 예술가들의 열망과 신앙, 고뇌 그리고 그것을 통한 성경적 가르침을 살펴보려 합니다. 거장들이 성경 내용을 바탕으로 그린 그림을 보면 그 역동성과 심오함에 거듭 놀라게 됩니다. 그것은 인간의 가장 본원적인 문제인 죄와 고통과 죽음, 그 한계를 다루고 있기 때문일 것입니다. 성경은 이러한 삶의 문제를 가장 적나라하게 밝히고 그에 대한 선택을 우리에게 직접 제기하고 있습니다. 성경과 성화는 타인의 문제가 아니라 바로 나의 고민, 약함, 갈등과 고뇌를 생생히 보여주는 듯합니다.

성화에는 크게 보아 두 가지 의미가 있다고 봅니다. 첫째로 중세에서처럼 성경이 보급되지 않고 라틴어를 평신도가 읽기 어려웠던 시절, 문자를 대신하는 소통의 통로로 교과서 역할을 했습니다. 오늘로 말하면 영상 매체의 효과라고 할까요. 다른 하나는 하나님께서 인간에게 피조물의 아름다움을 느끼고 감상하며 기뻐하는 미직 감성을 주셨음을 성화를 통해 깨닫게 된다는 점입니다. 그림을 그리고 음악을 연주하며 이를 감상하고 창작하는 일은 주님이 주신 이런 능력을 바탕으로 합니다. 우리는 우리 안의 아름다움을 세상에 드러내고 함께 나누며 기뻐해야 할 존재입니다.

저는 미美의 근원은 창조자의 작업에 있다고 봅니다. 이 세상의 피조물들이 그 전체로 완벽한 형태로 질서와 균형, 조화를 잘 이루고 있는 것을 보면 그것들이 미적 근원에서 철저히 기획되어 창조되었다고 볼 수밖에 없습니다. 한 잎의 떨어지는 낙엽, 피어오르는 파릇한 생명체, 그리고 저물어가는 붉은 석양은 하나같이 아름다움의 극치입니다. 길가의 풀숲을 잠시 눈여겨봐도 곱고 찬란하게 피어 있는 들꽃, 그 아래 지나가는 곤충, 벌레들의 완벽한 형태에 경이로움을 느끼게 됩니다. 바닷속 수많은 모양의 물고기들, 하늘을 나는 예쁘고 당찬 새들, 들판을 달리는 사슴, 말, 기린, 얼룩말 등이 그 성격과 기능에 따라 그토록 완벽한 형태로 존재하고 있음에 놀라지 않을 수 없습니다. 시들어버린 장미꽃에서도, 앙상한 가지만 남은 겨울의 메마른 검은 고추 대에서도, 섬뜩한 곤충들에게서조차 미감을 느끼게 되는 것은 그 때문이 아닐까요. 레오나르도 다 빈치는 이런 말을 했습니다. "피조물의 모든 부분every part은 전체the whole와 조화를 이루도록 만들어졌다. 자신의 불완전함을 벗어나기 위해서다." 레오나르도의 이 말은 모든 피조물이 한곳에서 연유한다는 것을 암시하는 듯합니다.

저는 감히 이 세상이 경이로운 아름다움으로 가득 차 있다고 말하고 싶습니다. 물론 삶 속에 고통과 악과 추함과 재난과 절망이 없다는 얘기가 아닙니다. 그러나 그것 또한 인간 중심의 눈으로 파악하기 때문이 아닌가 싶습니다. 추함과 아름다움도 어쩌면 우리 고정관념의 산물인지도 모릅니다. 존재함 그 자체로 모두 아름다운 것이고 전체의 질서에서 보면 서로 조화를 이루어 아름다움을 만들고 있는 것은 아닐까요? 그래서 피카소가 말했듯이, "아름다움은 찾아 나서야 만나는 대상이 아니고 주변 어디에나 있는 것을 발견하는 것"입니다.

그러나 우리는 이런 여러 가능성에 열려 있기보다 앞에 놓인 일들에 쫓기느라 삶의 아름다움을 본의 아니게 외면해온 것도 사실입니다. 그뿐 아니라 시대는 빠르게 바뀌어 이제 언어만이 아닌 시각예술의 힘찬 동력이 문화를 이끄는 시대에 살고 있습니다. 문자의 세계에서 이미지의 세계로 이동하고 있다고나 할까요. 이제 우리의 진정한 신앙은 예배에서뿐만 아니라, 이미지의 문화로서도 표현돼야 할 것 같습니다. 신앙에 대한 이해도 예술적 감각을 통해 보게 하고 또 듣도록 해야 할 때입니다. 하나님이 눈을 주시고 귀를 주신 것은 이들을 보고 느껴서 깊은 차원의 즐거움을 누리라는 뜻이기 때문입니다. 무엇보다 거장들의 땀 어린 작업은 신에 대한 경외의 표현이자 아름다운 도전입니다. 스스로 창조적인 작업에 고심해본 사람만이 하나님이 행하신 창조의 위대함을 거듭 확인하게 될 것입니다.

인간의 한계와 약점을 인정하며 세상을 보면 스스로 훨씬 정직해질 수 있을 것입니다. 우리가 절망과 극심한 불안에 있을 때는 절대자와 자기 사이에 아무것도 존재하지 않음을 알게 됩니다. 믿음은 하나님의 말씀을 믿는 것입니다. 때로 이성과 세상의 기준으로 보면 믿기 어려운 부분이 많은 것도 사실입니다. 그러나 추론과 생각을 넘어 믿음에 이르러야 합니다. 믿음이 행위보다 더 높은 차원에 속하는 것도 이런 어려운 과정을 겪어야 하기 때문인 듯합니다. "인간의 구원은 행위로가 아니요 믿음으로"라는 말이 갖는 깊은 의미도 여기에 있다고 봅니다. 무엇보다 믿음은 붕어빵 같은 기성품이 아니라 삶에서 겪은 체험과 마음, 성령의 도움과 지성을 통해 자라는 생명체임을 기억하고 싶습니다. 이 책이 신앙인의 믿음이 성장하는 데 도움이 되었으면 하는 과분한 바람도 가져봅니다.

이 책이 출간되는 데 고마운 분들의 도움을 많이 받았습니다. 잊힐 뻔한 책을 아껴 개정판을 낼 수 있도록 결정해주신 정민영 대표님과 좋은 책으로 만들어주신 아트북스 편집부 분들께 감사드립니다. 또 이 책을 쓰도록 계기를 마련해준 『CCC 편지』와 초판의 출간을 맡아주셨던 예영 커뮤니케이션 김승태 대표님께도 다시 고마움을 전합니다. 출간에 즈음하여 떠오르는, 잊을 수 없는 분이 계십니다. 제 은사이자 신앙을 전해주시고 언제나 사랑으로 이끌어주셨던 고故 이원설 교수님이십니다. 그분께 이 책을 바치고 싶습니다. 마지막으로 자기를 던지지 못하고 머뭇거리는 어리석은 저에게도 뜨거운 사랑의 은총으로 함께하시어 "내 잔이 넘치나이다"라고 고백하게 해주신 하나님께 영광과 감사를 드립니다.

2013년 10월

이석우

차
례

책 머리에 +7

천지창조 +12
장엄한 열림의 순간
미켈란젤로 「아담의 창조」

에덴동산의 추방 +24
인간 최초의 절망과 부끄러움
마사초 「아담과 이브의 추방」

바벨탑 사건 +40
하나님께 대항하는 인간들의 행태
피터르 브뤼헐 「바벨탑」

이삭의 희생 +54
시련을 통해 굳건해진 믿음
티치아노 「이삭의 희생」

출애굽 +68
십계명을 받은 고독한 지도자, 모세
베카푸미 「모세와 황금 송아지」

욥의 고통 +84
피할 수 없는 섭리의 질서
조르주 드 라 투르 「욥과 그의 아내」

다윗의 인생 역정 +94
내 영혼아, 깨어나 여호와께 의지하라
루벤스 「하프를 켜는 다윗 왕」

마리아의 잉태 +104
네가 아들을 낳으리니
시모네 마르티니 「수태고지」

세례 요한의 정신 +114
소명을 아는 삶은 아름답다
레오나르도 다 빈치 「세례 요한」

마귀의 시험 +134
사람이 떡으로만 살 것 아니요
두초 「산 위에서 시험받는 예수 그리스도」

간음한 여인 +144
우리의 죄는 다만 숨겨져 있을 뿐이다
렘브란트 「간음한 여인」

사마리아인의 선행 +154
진정한 믿음에는 행위가 따른다
반 고흐 「선한 사마리아인」

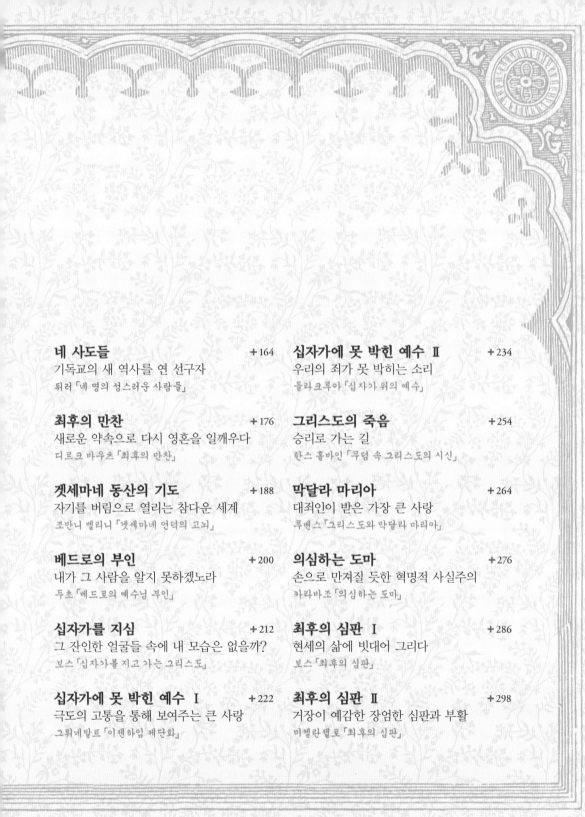

네 사도들   +164
기독교의 새 역사를 연 선구자
뒤러 「네 명의 성스러운 사람들」

최후의 만찬   +176
새로운 약속으로 다시 영혼을 일깨우다
디르크 바우츠 「최후의 만찬」

겟세마네 동산의 기도   +188
자기를 버림으로 열리는 참다운 세계
조반니 벨리니 「겟세마네 언덕의 고뇌」

베드로의 부인   +200
내가 그 사람을 알지 못하겠노라
두초 「베드로의 예수님 부인」

십자가를 지심   +212
그 잔인한 얼굴들 속에 내 모습은 없을까?
보스 「십자가를 지고 가는 그리스도」

십자가에 못 박힌 예수 Ⅰ   +222
극도의 고통을 통해 보여주는 큰 사랑
그뤼네발트 「이젠하임 제단화」

십자가에 못 박힌 예수 Ⅱ   +234
우리의 죄가 못 박히는 소리
들라크루아 「십자가 위의 예수」

그리스도의 죽음   +254
승리로 가는 길
한스 홀바인 「무덤 속 그리스도의 시신」

막달라 마리아   +264
대죄인이 받은 가장 큰 사랑
루벤스 「그리스도와 막달라 마리아」

의심하는 도마   +276
손으로 만져질 듯한 혁명적 사실주의
카라바조 「의심하는 도마」

최후의 심판 Ⅰ   +286
현세의 삶에 빗대어 그리다
보스 「최후의 심판」

최후의 심판 Ⅱ   +298
거장이 예감한 장엄한 심판과 부활
미켈란젤로 「최후의 심판」

천지창조
장엄한 열림의 순간

❋

미켈란젤로 「아담의 창조」

르네상스의 거장 미켈란젤로Michelangelo, 1475~1564는 블랙홀 같은 깊은 사색과 집중력의 소유자였지만, 삶에서 끊임없이 자기 반역을 거듭했던 정신적 유랑아였다. 전기 작가 H. 토머스가 미켈란젤로를 가리켜 "회의주의와 신앙, 아름다움과 의무, 구세계의 관념과 새로운 세계의 이상이 내면에서 격렬하게 싸우고 있었던 인물"로 평가한 것은 이 점을 잘 말해준다.

피렌체에서 쇠락한 귀족의 아들로 태어난 그는 30세에 이미 당대 최고의 예술가로 추앙받던 레오나르도 다 빈치의 경쟁자로 떠올랐고, 말년에는 라파엘로만이 그에 버금가는 예술가로 꼽힐 정도였다. 피렌체의 명문, 메디치가 로렌초 공과의 만남은 미켈란젤로의 예술과 사상에 많은 영향을 남겼다. 로렌초 공의 집에 머물렀던 당대 문인, 예술가 들과의 교유와 그 저택의 정원에서 자주 보던 그리스 조각상은 후일 미켈란젤로의 예술 행적에 큰 영향을 미친다.

르네상스 시기, '예술의 교황'이라고 불릴 만한 율리우스 2세Julius Ⅱ, 1443~1513, 교황 재위 1503~13가 미켈란젤로의 천재성을 보고만 있을 리가 없었다. 율리우스 2세는 처음에는 자신의 무덤 건축을 위해 미켈란젤로를 불렀으나, 그다음에는 시스티나 성당의 천장화를 그리는 일을 맡겼다. 미켈란젤로는 자신이 조각가라는 이유로 한사코 성당 천장화 작업을 거절했으나 일단 맡은 다음에는 혼신의 힘을 다했다. 300여 점의 예비 스케치를 준비하는가 하면, 성당 문을 걸어 잠그고 물감 개는 사람 외에는 다른 이의 도움도 마다하는 등 4년에 걸쳐 몰두함으로써 이 거대한 일을 해냈다. 토머스는 이러한 그의 작업을 "창조를 재창조했다"라고 극찬했고, 미술사가 곰브리치는 "천재의 능력에 대한 새로운 개념을 심어주었다"라고까지 평가했다.

시스티나 성당 천장화의 궁극적 의미

시스티나 성당은 원래 식스투스 4세1414-84가 세운 직사각형 강당 같은 건물로 중앙 공간은 기둥 없이 텅 비었고, 창문은 많지 않으며, 천장은 완만한 궁륭으로 되어 있어, 그림을 그릴 만한 공간이 많았다. 처음에 교황 율리우스 2세는 천장에 열두 사도를 그려 넣을 것을 구상했지만, 미켈란젤로의 상상력 넘치는 열정은 천장을 거대한 천지창조의 본거지로 만들어버렸다.

미켈란젤로가 이 작업을 시작하기 전에 이 건물 내부의 벽면에는 이미 보티첼리나 기를란다요 같은 전 세대 거장들이 모세나 그리스도의 행적을 그린 프레스코화가 있었다. 또한 옆 벽에는 스물네 명의 교황 신상이 그려진 상태였다. 미켈란젤로가 시스티나 천장화를 완성한 지(1512) 25년 후에 제단이 있는 동편 벽에 그린 「최후의 심판」까지 합하면 가히 시스티나 성당 면 전체가 그림으로 가득 채워진 입체 캔버스인 셈이다.

천장의 중심부에는 그 궁륭의 건축적 구획에 따라 아홉 점의 주요 그림이 배치되어 있는데, 그 주제는 구약의 창세기에 나오는 천지창조부터 노아의 홍수까지 이르는 장면이다. 천장의 측면과 벽이 만나는 궁륭 사각형 벽에는 에스겔을 비롯한 일곱 명의 구약 예언자와 고대 그리스와 로마의 예언자인 무녀 다섯 명이 그려져 있어 예수 그리스도의 오심을 함께 예언하고 있는 듯하다. 이들은 모두 등신대보다 더 큰 남녀 인물상이다.

동편 제단에 제일 가까이 그려진 천장화는 하나님이 빛과 어둠을 나누는 장면이며, 반대로 서쪽 입구의 그림은 술에 취한 노아의 그림이다. 제단 쪽으로 가면서 더욱 원숙미가 더해지는 것으로 보아 입구 쪽에서부터 그려나간 것으로 추측된다. 또 입구

시스티나 성당 외관

쪽 관찰자의 시선을 고려한 듯 제단 쪽으로 갈수록 인체는 더욱 크게 그려져 있다.

이 그림의 가장 큰 논쟁점은 천장화의 궁극적인 의미가 무엇인가이다. 첫 번째는 미켈란젤로의 신플라톤주의적 관심에 초점을 맞춘 해석이다. 어둠에서 빛으로, 물질에서 영혼으로 해방돼가는 과정을 그리고 있다는 지적이다. 두 번째로 이교의 예언자나 구약의 예언자 들이 다 함께 등장하는 것으로 보아 그리스도의 오심을 예언하고 있다는 주장이다. 세 번째로는 아홉 점의 중심 그림 중 일곱 점의 그림에 모두 나무가 그려져 있는 것으로 보아 선악과나무, 십자가 나무와 같은 성경에 나오는 나무의 상징을 드러내고 동시에 상수리나무라는 교황 가문의 성姓을 은유하고 있다는 해석이다. 마지막으로 인간 세계와 신의 계시 사이의 관계를 그리고 있다는 전통적인 견해이다.

내 눈에는 미켈란젤로가 하나님 중심의 세계관을 바탕으로, 고대의 문화와 인간

천지창조

을 함께 포용하는 르네상스 시대의 새로운 휴머니즘을 드러내는 것으로 보인다. 이
그림을 구성하는 요소들은 모두 인간이며, 그것도 매우 건강하고 균형 잡힌 나신
들이다. 여기 등장하는 여성들조차 여성성을 강조하기보다는 하나님이 창조한 인
간의 경이로움과 그 가치의 완벽함을 보여주고 있다.

　흥미로운 것은 4년에 걸친 이 지난한 회화 작업을 마친 다음에도 그는 끝내 '조
각가 미켈란젤로'라고 서명하고 있다는 점이다. 또한 이 그림들은 완성된 지 470여

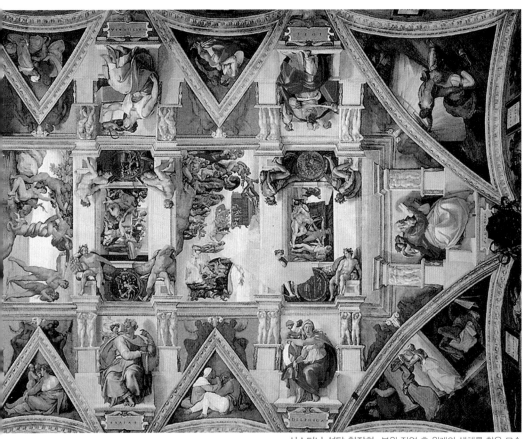

시스티나 성당 천장화 복원 작업 후 원래의 색채를 찾은 모습

년이 지난 1982년에 한 일본 방송사의 후원으로 복원을 시작해 작업이 9년 후에 끝났다. 제작 기간의 두 배 넘는 시간이 복원에 걸린 셈이다. 복원 팀은 시스티나 성당의 창문이 단지 몇 개에 지나지 않아 실내는 상당히 어두웠을 것이고, 이 때문에 미켈란젤로가 제작 당시 밝은 색을 썼을 것이라는 고려 아래 그림을 훨씬 밝게 복원했다. 그럼에도 프레스코화 표면의 어두운 표피를 걷어 내는 과정에서 미켈란젤로의 우미한 끝손질을 제거해버렸다는 전문가들의 비판도 있다.

「아담의 창조」 미켈란젤로, 1512년경, 바티칸 시스티나 성당

손가락과 손가락의 만남이 갖는 역동성

시스티나 성당의 모든 프레스코화 중 가장 나의 관심을 끄는 것은 「아담의 창조」이다. 그 그림 앞에 서면 말을 잃고 기발한 창의성과 섬광 같은 통찰력, 그 유연한 조형력에 놀랄 뿐이다. 내가 시스티나 성당에 처음 간 것이 1974년인데, 우연의 일치로 그때 구입한 기념품도 아담이 손을 내밀고 있는 좌상이었다.

화면은 우선 대각선으로 두 부분을 시원스럽게 나누었다. 오른쪽에는 바람에 펄럭이는 망토 속에 군상을 거느린 힘찬 하나님이, 왼쪽에는 인류 최초의 인간 아담이 그 유연하고 아름다운 몸을 땅에 기댄 채, 하나님의 손끝을 향해 팔을 내밀고 있다. 두 손 사이의 무한 공간, 양쪽의 손끝이 닿기 직전, 극적인 긴장감이 우리의 눈길을 붙잡는다. 인간의 탄생이자 역사의 시작이며 하나님의 전능함이 인간을 통해 이루어진 장엄의 그 순간이다.

창세기 2장 7절에는 "여호와 하나님이 흙으로 사람을 지으시고 생기를 그 코에 불어 넣으시니 사람이 생령이 된지라"라고 쓰여 있다. 그래서인지 미켈란젤로 이전

「아담의 창조」 부분

의 화가들은 누워 있는 아담에게 하나님이 손을 댐
으로써 그에게 생명력을 불어넣는 평범한 형식이었
다. 하지만 뛰어난 상상력의 소유자 미켈란젤로는
손가락과 손가락의 만남이 갖는 역동성을 그림에
도입해 이 창조의 신비를 더욱 극적으로 연출해 보
여준다.

「아담의 창조」 부분

　생명이 온몸에 퍼져가던 아담은 하나님께 생령을
받음으로써 완전한 인간으로 살아 오르고 있다. 히
브리어에서 '생령'이란 영혼과 몸이 하나의 통일체를
이루어 전인이 되는 것을 의미한다고 한다. 아담의
몸 구조는 완벽하고 부드럽지만 내면적 힘으로 빛나
고, 그의 눈빛은 간절하며, 표정은 매우 지적이고 순박하다. 미켈란젤로가 남성 누
드에 대해 최대의 경의와 사랑을 느끼고 있었던 것은 하나님의 창조성이 남성의 몸
에 완벽하게 구현되었다고 믿었기 때문이다. 또한 「아담의 창조」는 미켈란젤로가 인
체의 구조와 해부에 얼마나 집중하고 있었으며 깊은 지식과 분석력을 갖추고 있었
는가를 잘 드러내준다.

　옷자락을 흩날리며 속도감 있게 다가온 하나님은 천지와 인간, 만물을 있게 한
창조자답게 힘차고 선하며 근엄하고 자애롭다. 그의 손이야말로 사랑의 표현이자
창조 원리가 담긴 신비의 근원이다. 그는 천사들을 거느리고 그들에게 떠받들려 왼
손으로는 하와로 보이는, 아직은 순진무구한 이 여인을 자애롭게 안고 있다.

{ 아담이
아름다운 이유 }

이 그림을 보면서 떨쳐버릴 수 없는 의문은 '하나님이 최초로 창조한 아담은 어떤 인간이었을까' 하는 호기심이었다. 이는 인간이 죄를 범할 때 그 책임은 누구에게 있는가 하는 질문과도 관계된다. 아우구스티누스가 그의 『자유의지론』 앞부분에서 제기하고 있는 바와 같이 '악의 장본인은 하나님인가 아니면 인간 자신인가'의 문제이다. 만일 인간의 죄가 자유의지 때문이라면 하나님이 자유의지를 인간에게 주지 않으셨다면, 인간은 죄를 범하지 않았을 것이라는 항의성 질문을 할 수 있기 때문이다.

인간들이 죄를 부인하는 것은 여기에 머무르지 않는다. 인간이 범죄를 저지르도록 창조했으니 인간의 죄가 하나님의 책임이라는 자기 정당화도 줄기차다. 만일 하나님이 인간을 지혜로운 인간으로 창조했다면 악마에게 기만당하지 않았을 것이 아닌가? 아담이 어리석게도 하와의 유혹에 빠져든 것 또한 인간을 어리석게 창조한 하나님의 탓으로 돌려야 한다는 항변이다.

이에 대해 아우구스티누스는 창조되었을 당시의 인간 상태는 지혜와 무지 사이의 중간 상태라고 규정한다. 따라서 인간은 선악과를 먹지 않을 능력과 함께 먹을 능력도 함께 타고났다. 아담은 지혜로운 상태는 아니더라도 선을 택할 수 있는 이성적인 존재로 창조됐다는 답변이다. 하나님은 절대 선이기에 그곳에서 유래하는 모든 것은 선하며, 그러므로 자유의지 또한 선하다. 더구나 자유의지는 조건 없는 선으로 그것을 의지하면 자신에게 부여될 수 있다는 점에서 이는 타락의 짐이 아니라 인간이 가진 최상의 특권인 셈이다. 의지를 잘못 사용하는 것은 하나님의 탓이 아니고, 그것을 잘못 사용하는 사람의 탓이 되는 것도 이 때문이다.

아우구스티누스가 이 같은 예를 인간의 손을 들어 설명하고 있는 것은 공감이 가는 부분이다. 손은 좋은 일도 하고 살인 같은 나쁜 일도 하지만 그 때문에 손이 없기를 바라는 사람은 아무도 없다. 손이 좋은 일에 쓰이느냐 나쁜 일에 쓰이느냐 하는 것은 전적으로 그 손을 쓰는 사람의 의지에 달려 있다는 것이다.

사람은 왜 악한 일을 행하는가? 그것은 자유의지를 잘못 사용했기 때문이지, 하나님이 자유의지를 주었기 때문이 아니다. 자유의지는 인간을 하나님 다음의 존재로 있게 한 최상의 선물이다. 미켈란젤로가 아담을 저토록 아름답게 그린 것도 그 같은 신념에 근거한 것이 아닐까.

에덴동산의 추방
인간 최초의
절망과 부끄러움

마사초 「아담과 하와의 추방」

피렌체 근처에서 출생하고, 예술 작업의 대부분을 그곳에서 했던 마사초Masac-
cio, 1401~28를 이해하기 위해 그의 활동 무대인 피렌체에 대한 이야기부터 시
작하자.

꿈 있는 자를 끌어들이는 자석, 피렌체

이탈리아 르네상스를 이끈 도시는 피렌체라고 해
도 과언이 아니다. 그래서 프랑스 사학자 미슐레Jules Michelet, 1798~1874가 '르네상스'
라는 말을 썼을 때만 해도 '르네상스' 하면 피렌체를 중심으로 한 예술 문화의 새로
운 탄생을 의미했다. 도시이자 공화국인 피렌체가 그처럼 역사적인 역할을 담당한
데에는 그럴 만한 까닭이 있었다. 지리적으로 피렌체는 수도 로마와 경제가 발달한
이탈리아 북부 지역의 중앙에 위치해 있어서, 모든 물류 교역과 문화 교류가 이곳
을 중심으로 이루어졌다. 문화적으로도 라틴어 사용이라는 관행을 깨뜨리고 자신
들의 지역어로 훌륭한 문학작품을 산출해냈다. 이 지역 불후의 시인 단테는 토스카
나어라는 지방 언어를 세계적 문학의 언어로 당당하게 올려놓았고, 그 흐름을 페트
라르카와 보카치오가 바짝 따라 이었다. 중세의 전통이 무겁게 드리워 있던 그 사
회에서 자기 언어로 목소리를 내는 것은 남다른 문화적 자존심이 없이는 불가능한
일이었다.

또 피렌체는 경제적으로도 크게 번창하고 있어서 중세 후기 이후 유럽 양모 무
역의 중심지이자 은행제도의 진원지였다. 회계정리 방법, 신용장, 수표제도 등이
활성화되었고, 무엇보다 안정된 금융제도의 중요성이 누차 강조되었던 곳이다. 피

피렌체의 중심에 나란히 선 종탑(왼쪽)과 두오모 성당(오른쪽)

렌체에서 주조된 플로린 금화가 수세기 동안 유럽의 표준화폐가 되었던 것은 결코 우연이 아니다. 그곳에 결성된 열두 개의 직업 길드들은 상업 활동을 주관할 뿐만 아니라 정치에도 막강한 영향력을 행사하고 있었다. 이들 중 상위 일곱 개의 길드 대표들이 모여 행정관 위원회를 결성했는데, 이는 사실상 피렌체를 지배하는 기구였다. 이들의 견제와 균형 덕분에 피렌체는 그 무렵 이탈리아의 다른 도시국가 대부분을 멍들게 했던 지독한 독재자의 출현을 막을 수 있었다. 이런 자긍심이 자유로운 문화를 낳는 분위기를 만들었으리라 짐작된다.

오늘날에도 브루넬레스키Brunelleschi, 1377~1446가 건축한 대성당부터 우피치 미술관까지 피렌체 거리를 거닐어보면 당대 이 도시가 얼마나 번창하던 곳인가를 어렵

명화로 만나는 성경

지 않게 짐작할 수 있다. 피렌체는 이탈리아의 세력권이 베네치아로 옮겨 갈 때까지 한때는 유럽에서 가장 번성했던 도시로, '꿈 있는 자들을 모두 끌어들이는 자석'이었을 뿐 아니라 모든 문화와 경제가 퍼져 나가는 곳이었다.

그러나 피렌체의 명성을 이루게 한 데에는 재력가, 권력자 들의 역할뿐 아니라 사상가, 예술가, 예술 후원자 들의 역할 또한 컸다. 오랫동안 지배적이던 비잔틴 미술에 도전해, 이곳에서 새로운 르네상스 미술의 주춧돌을 쌓은 것도 치마부에나 조토 같은 피렌체 출신 작가들이었다.

근대적 양식의 시작, 마사초

　　　　　　　　　　　마사초는 28세라는 꽃다운 나이에 세상을 떠나고 말았지만, 짧은 생애 동안 후대 미술에 그만큼 뚜렷한 발자취를 남긴 작가도 많지 않을 것이다. 더구나 그가 실제로 작품 생활을 한 기간을 10년 정도로 잡는다면 그 의미는 더욱 크다. 조각가 도나텔로Donatello, 1386~1466와 브루넬레스키는 그와 동시대를 살았던 작가이자 가까이 지냈던 인물로, 마사초의 작품 제작에 영향을 끼친 흔적이 여러 곳에서 발견된다.

마사초는 당대에 이미 인정받아 그의 화풍을 배우고자 하는 이들이 많았다. 거장 레오나르도 다 빈치조차도 마사초에 대한 찬사를 노트에 기록해놓았을 정도다. 미켈란젤로는 마사초가 그린 프레스코화를 보고 드로잉을 배웠을 뿐만 아니라 시스티나 성당 천장에 그린 아담과 하와의 「유혹과 추방」에도 직접적인 영향이 드러난다.

브란카치 예배당 벽화

그래서 미술사학자 바사리G. Vasari, 1511~74는 그의 저서 『예술가들의 생애』에서 "마사초의 영향은 기본적이며 결정적이다. 거물 마사초는 인물의 머리, 옷의 주름, 건물과 누드화 그리고 색과 단축법(인물에 적용된 원근법. 대상의 형태를 그것을 바라보는 각도에 따라 축소해 그리는 회화 기법)에서 새로운 방식을 채택했다. 그리하여 그의 시대로부터 시작해 오늘에 이르기까지 우리 모두의 예술가들에게 근대적 양식을 갖도록 해주었다"라고 말하고 있다.

마사초의 대표작으로는 「삼위일체Trinity」를 비롯한 몇 개의 작품이 있는데, 그의 작품이 모여 있는 곳은 피렌체 카르미네의 산타마리아 성당, 브란카치 예배당의 벽에 그린 프레스코화들이다. 브란카치 예배당 벽에는 이 장에서 중심으로 다룰 「아담과 하와의 추방」, 베드로의 생애를 사건별로 그린 「세금을 내는 예수」(마 17:27)과 「베드로에게 구호품을 주는 사람들과 아나니아」(행 5:1~5) 등의 작품들이 두 계단 아래위에 가득 그려져 있다.

물론 이 방의 20점에 달하는 프레스코화들이 마사초 혼자 그린 것은 아니다. 처음에는 라이벌 관계에 있던 마솔리노가 시작했으나, 1425~26년에 마사초가 위임받아 작업했으며, 그가 1428년 세상을 떠나자 필리피노 리피가 다시 이어받았다. 이 예배당 벽화들이 완성된 것은 1480년쯤이었다. 이 때문에 그림에 다른 작가의 손길이 더해졌으리라는 우려가 있고 각자가 어떤 부분에 어느 정도 기여했는지에 대해 학자들 간에 이견이 있는 것도 사실이다. 그럼에도 앞서 언급된 마사초 작품의 귀속성에 대해서는 아직 이론이 없다.

후회와 설움으로 가득한 아담과 하와

브란카치 성당 왼쪽 윗벽에 있는 마사초의 「아담과 하와의 추방」을 보자. 여기서 아담은 절망하듯 두 손으로 얼굴을 가리고 부끄러워 차마 얼굴을 들지 못하고, 하와는 회한이 가득한 얼굴로 아파하고 있는데 두 사람 모두 울고 있음이 분명하다. 그들의 벗은 온몸에서조차 죄를 지은 데 대한 후회와 설움이 완연해 보인다. 그런데 하늘에는 붉은 옷을 입은 천사가 긴 칼을 들고 무거운 발걸음을 떼고 있는 그들에게 어서 나가라고 더욱 재촉하고 있다.

이 그림은 마사초 특유의 양감과 박진감 넘치는 운동감이 더하여 가슴속까지 파고드는 인물 내면의 심리 상태를 절박하게 드러내고 있다. 그 점에 있어서 이후에

왼쪽 •「아담과 하와의 추방」 마사초
가운데 •「세금을 내는 예수」 마사초
오른쪽 •「베드로의 설교」 마솔리노와 마사초

왼쪽·「베드로를 면회 온 바울」 필리피노 리피
가운데·「테오필루스 아들의 회생, 옥좌에 앉은 베드로」 마사초와 필리피노 리피
오른쪽·「세례를 베푸는 성 베드로」 마사초

왼쪽 • 「개종자들에게 세례를 주는 성 베드로」 마사초
가운데 • 「절름발이를 치유하는 베드로와 요한, 그리고 다비다의 회생」 마솔리노
오른쪽 • 「타락」 마솔리노

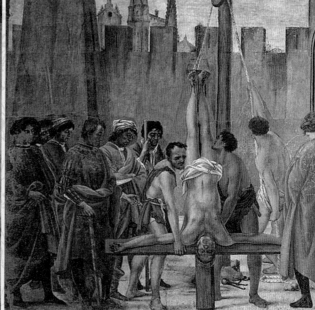

왼쪽・「사람들에게 구호품을 주는 베드로와 아나니아의 죽음」마사초
가운데・「시몬과의 논쟁과 베드로의 책형」필리피노 리피
오른쪽・「성 베드로의 석방」필리피노 리피

「아담과 하와의 추방」
마사초, 1427~28년, 피렌체 산타마리아 델 카르미네 성당

「타락」
마솔리노, 1427~28년, 피렌체 산타마리아 델 카르미네 성당

「타락, 뱀에게 유혹받는 아담과 하와」
휘호 판 데르 후스, 1470년, 빈 미술사 박물관

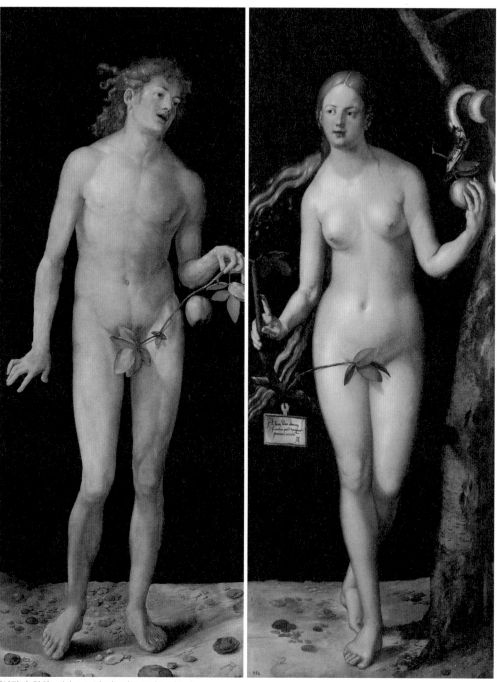

「아담과 하와」 뒤러, 1507년, 마드리드 프라도 미술관

그려진 같은 소재의 어떤 작품보다 앞서고 있다. 물론 아담의 지나치게 긴 다리나 짧은 팔, 너무 축소된 몸통 등에서 드러나는 비율의 불균형은 아직도 인체 해부나 경험주의적 그림 공부가 전성기 르네상스 시대만큼 심화되지 못한 당대의 분위기를 반영한다.

마사초의 「아담과 하와의 추방」을 같은 방 반대편에 있는 마솔리노의 「타락」과 비교해보면 마솔리노의 작품은 더 세련되고 정적인 느낌을 주지만, 머리 부분이 너무 작고 신체가 부자연스러워 정지된 조각 같은 느낌을 준다. 또 마솔리노의 작품에서는 천사 대신에 사람 얼굴을 한 뱀이 나무에 올라가 이들을 바라보고 있다.

이보다 약 50년 뒤에 제작된 휘호 판 데르 후스의 「타락, 뱀에게 유혹받는 아담과 하와」는 북부 유럽 미술 초기의 특성인 섬세함과 사실적인 정확성을 드러내고 있어, 신체 묘사가 거의 완벽에 가깝다. 배경인 동산에 보이는 원근감과 공간감이 앞선 작품들보다 훨씬 자연스럽다. 뒤의 뱀도 아직은 배로 기어 다니는 동물이 아닌 사람의 얼굴과 네 다리를 갖고 있는 것으로 표현돼 있다.

이런 변화는 뒤러의 「아담과 하와」에도 지속되는데, 이제 두 사람은 우리 주변에서 만날 수 있는 친밀한 보통 사람의 모습이다. 부끄러움 없는 활달한 표정의 뱀은 나무 위의 유혹자가 아니라 배로 기어 다니는 완전한 뱀으로 묘사돼 있다.

✛
에덴동산의 추방

{ 왜 주님은 금단의 열매를 주셨는가 }

에덴동산이 어떤 곳이었을까 궁금할 때가 있다. 하나님은 선하시며 아름다움과 행복의 근원이기에, 그곳도 그에 합당한 낙원이었을 것으로 상상해본다. 한데 왜 하나님께서는 하필 금단의 열매를 그곳에 심어놓으셨을까? 그것은 인간에게 자유, 자유의지를 주기 위해서이다. 자유의지는 하나님이 인간에게 준 최대의 선물이며 그것을 잘 관리하는 사람에게는 낙원에서 살 수 있는 권리를 주셨다. 그것을 잘못 사용하는 데서 죄와 악이 발생하므로 자유의지는 자유이자 제한이다.

삶은 지나고 보면 들의 한 송이 풀꽃 같으며 나그넷길의 지나가는 그림자에 불과하다는 허무감이 들 때가 있다. 그래서 모든 것은 지나가고 집착할 것은 아무것도 없다는 결론에 도달하게 되는 듯하다.

그럼에도 한 가지 사라지지 않고 우리를 괴롭히는 삶의 짐이 있다면 그것은 죄의 문제가 아니겠는가. 하나님은 선하므로 선에 미치지 못하는 일을 하실 리가 없다. 반면 우리 인생에 주어진 최대의 난제는 부나 권력보다도 죄의 문제임이 분명하다. 그런데 자기 죄를 자기가 용서하거나 용서할 수 없다면 누가 용서

해주며 용서할 권리가 누구에게 있는지 묻고 싶다. 그것은 신의 차원에서만 해답을 구해야 할 것 같다. 이 점에서 아담과 하와의 유혹을 다룬 그림은 그리스도의 십자가상의 죽음을 다룬 그림과 함께 우리 관심을 끌지 않을 수 없고 그것이 죄 사함에 대한 해답의 근거로 제시되는 이유이다.

바벨탑 사건
하나님께 대항하는
인간들의 행태

피터르 브뤼헐 「바벨탑」

작가가 아무리 시대를 초월해 살고 싶어도 시대 밖에 있을 수는 없다. 마치 사람이 자기를 둘러싼 공기를 숨 쉬고 살듯, 예술가 또한 그가 살고 있는 역사와 문화에 영향 받으며 살 수밖에 없다. 「바벨탑」을 그린 화가 브뤼헐Pieter Brue-gel the Elder, ?1525-69 또한 이 점에서 예외일 수가 없다. 오히려 누구보다도 현실과 대결하면서 긴장 속에 살았던 흔적이 작품 곳곳에 묻어 있다.

시대적 격변 속의 네덜란드

브뤼헐의 출생 연대는 1525~29년으로 추정되며, 출생지는 네덜란드 남부의 브레다로 알려져 있다. 1551년, 성聖 누가 길드에 장인으로 가입하면서 그는 작가로 정식 등록했다. 그리고 이듬해 이탈리아와 프랑스를 방문하고 돌아온 뒤에 취한 태도가 당시에는 흔치 않은 일이라 흥미롭다. 당시 유럽 미술계는 이탈리아에서 유행하고 있는 미켈란젤로풍의 근육질 인체 묘사가 바람을 불러일으키고 있었다. 북부 유럽 대부분의 화가들이 이를 다투어 모방하고자 했으나, 브뤼헐은 이를 단연 거부하고 자신만의 양식을 만들고자 했다.

역사의 어느 시대라도 변화가 없을 수 없지만, 특히 브뤼헐이 살던 때는 위기와 변화가 급류처럼 소용돌이치던 때였다. 당시 진행되고 있던 종교개혁은 유럽 재편의 기폭제가 되었다. 이는 신구교만의 대립이 아니라 왕권까지 가세해 '최초의 국민·국가적 대결' 양상까지 띠고 있었다. 이러한 갈등이 가장 첨예했던 곳 중에 하나가 바로 브뤼헐이 살고 있던 네덜란드였다.

신성로마제국의 황제 카를 5세가 루터의 종교개혁을 저지하는 데 끝내 실패하

피터르 브뤼헐의 모습
1565년, 빈 알베르티나 미술관

고, 스페인 합스부르크의 왕위를 그의 아들 펠리페 2세에게 계승하면서(1556) 이런 갈등은 더욱 표면으로 떠올랐다. 카를 5세는 스페인의 지배 아래 있던 네덜란드에 가톨릭을 더욱 강요하고, 이를 반대하는 자에게는 가혹한 정치적 탄압을 서슴없이 감행했기 때문이다. 그러나 네덜란드의 사정은 사뭇 달랐다. 이곳에서는 중세 후기 이래 유럽 내륙의 교역과 발트 해 무역의 연결점으로 상공업이 크게 발달하고 있었다. 이로 인해 시민 계층이 성장해 그만큼 자유의식 또한 커졌다. 그 때문인지 칼뱅주의 개신교 운동이 드세게 일어났고, 급기야 스페인의 지배를 벗어나 자유 독립국을 세우려는 저항으로까지 번져나갔다.

브뤼헐의 삶은 이들 양 세력의 대결이 격화되는 위기의 시기를 배경으로 해, 전 생애 동안 어두운 전운이 그 곁을 떠나지 않았다. 펠리페 2세가 그 파멸적 강압정치를 시작했을 때, 32세의 브뤼헐은 안트베르펜에 있었고, 펠리페가 보낸 무자비한 탄압자 알바 공이 거느린 6만의 군대가 개신교도 8,000여 명을 마치 토끼 사냥하듯 살해했던 '피의 사건'(1567) 또한 그가 브뤼셀에서 목격한 참극이었다. 브뤼헐이 죽은 지 10년째 되던 해 마침내 네덜란드 북부 일곱 개 주가 연합해 위트레흐트 동맹을 결성(1579)했다. 그리고 스페인과의 지루한 전쟁을 통해 1609년 네덜란드는 실질적인 독립을 이루었고, 베스트팔렌 조약(1648)을 통해 국제적인 승인을 얻게 됨으로써 명실공히 독립국가가 되었다.

보통 사람들을 화폭에 담다

치열한 의식의 소유자인 브뤼헐의 작품을 보면 이런 탄압과 감시의 위험을 교묘히 피하면서 자기의 생각과 메시지를 그림에 담아낸 재치가 놀랍다. 국가나 종교를 새롭게 선택해야 하는 상황에서 자칫 잘못하면 생명을 잃거나 추방당할 만큼 살얼음판을 걷는 시절을 살면서 말이다.

그가 기독교를 소재로 그린 대표적인 작품으로는 이 글에서 다루고 있는 「바벨탑」 외에도 「세례 요한의 설교」 「사울의 회심」 「무고한 양민들의 학살」 「왕들의 경배」 그리고 「갈보리 언덕으로 끌려가는 행진」 등이 있다. 이들의 공통된 특징은 그림 속 주인공을 작품의 중심인물로 부각하는 것이 아니라, 오히려 다수의 사람들 중에 한 부분으로 숨기듯 묻어두고 있다는 점이다. 브뤼헐은 그림의 중심을 설정하거나 실물보다 큰 구성을 피하고, 의도적으로 이들을 분산시켜 시선이 한곳으로 집중되는 것을 막으려 했다. 등장인물들 또한 아주 평범한 사람들이며 때로 우둔해 보이기까지 한다.

이는 이탈리아 르네상스 회화의 특성인 중심인물이 뚜렷이 부각되고, 시간을 초월해 삶의 고통과는 무관한 듯 표현한 화풍과는 대조된다. 이런 차이는 화가가 살고 있는 지역의 기후나 풍토, 사람들의 기질이 다르기 때문으로 보인다. 또한 인간 본성에 대한 남부의 긍정적이고 낙천적인 인식과는 달리 북유럽인들의 회의적

「세례 요한의 설교」 피터르 브뤼헐, 1566년, 부다페스트 순수미술관

이고 비관적인 태도에서 비롯된 경향일 수도 있다. 또한 종교개혁자들은 하나님을 우상처럼 조각하거나 우아하게 표상하면 할수록 신의 본질에서 멀어진다고 믿고 있었다.

브뤼헐은 기독교인인가

그는 추앙받는 성인이나 군주 같은 인물 대신에 평범한 농부나 익살꾼을 등장시켰고, 성경의 사건이라도 극적 사건으로 묘사하기보다 오히려 일상에서 일어나는 일들 중 한 부분으로 다루었다. 물론 당대 르네상스 휴머니즘이 무르익어 가고 있어서 평범한 인간에 대한 관심이나 민중이 갖고 있

「왕들의 경배」 피터르 브뤼헐, 1564년, 런던 내셔널갤러리

「바벨탑」 피터르 브뤼헐, 1563년, 빈 미술사 박물관

는 힘에 대한 각성에서 영향 받은 바도 있었을 것이다.

브뤼헐 그림의 또 다른 특징은 그림의 배경이 된 사건이 일어난 시기에 구약이나 신약 시대가 아니라 자신이 살던 당대의 장소와 시점을 대입하고 있다는 점이다. 이것은 당대 네덜란드의 문제들이 신구약 시대의 사건과 유사하다는 신념 때문이라는 생각이 든다. 더하여 신구교의 대립이 첨예한 상황에서 자신이 담은 메시지가 보는 사람에 따라 자유롭게 해석될 수 있는 여지도 남겨두고 싶었을 것이다.

이런 이유로 브뤼헐의 신앙에 대해서 상반된 견해가 있다. 어떤 이는 브뤼헐이 열렬한 개신교 지지자로 여러 그림에서 이를 은유적으로 다루고 있다고 하는 반면, 혹자는 이와 반대로 보고 있어, 브뤼헐의 신앙은 아직도 쟁점으로 남아 있다. 그의 작품들이 교회보다는 자유 지성인의 서재나 저택에 어울릴 것이라는 지적은 그를 개신교 지지자로 보는 관점에서 나온 말이다.

브뤼헐의 「바벨탑」은 창세기에 기록된 대로 '니므롯'(창 10:8)이 주도해 성과 대를 쌓아 탑 꼭대기를 하늘에 닿게 하고자 했으나, 여호와가 이들을 온 땅에 흩어지게 함으로 성 쌓기를 그치게 한 내용(창 11:1~8)에 근거하고 있다. 니므롯은 아시리아 시대의 왕으로 추정되고 있으며, 바벨탑은 신바빌로니아의 탑 신전Ziggurat을 지칭한 것으로 추정되기도 한다는 점에서 역사적인 고증은 아직도 숙제로 남아 있다. '바벨'은 바빌로니아인들에게 신의 문을 뜻하는 바빌론과 연관되지만, 창세기 저자는 혼돈을 뜻하는 '발랄Balal'을 염두에 두고 쓴 것으로 보아 언어의 혼란이 이 바벨탑과 밀접히 연관된 것만은 사실인 것 같다.

「작은 바벨탑」 피터르 브뤼헐, 1563년, 로테르담 보이만스 판 뵈닝겐 미술관

✚
명화로 만나는 성경

안트베르펜에 세워진 바벨탑

브뤼헐은 「바벨탑」을 주제로 한 작품을 적어도 세 번 이상 그린 것으로 알려져 있다. 지금은 두 작품만 남아 있는데, 이 글에서 이야기하고 있는 것은 빈 미술관에 있으며, 「작은 바벨탑」은 네덜란드 로테르담에 있다. 앞서 말한 바와 같이 이들 바벨탑도 구약 시대의 현장을 배경으로 그려진 것이 아니라, 브뤼헐이 살고 있었던 당대 도시 안트베르펜을 배경으로 하고 있다. 그 무렵 이 큰 도시는 유럽 최고의 번영을 자랑하고 있었으며 서방 세계의 경제 중심지로 다양한 언어를 쓰는 상인들이 곳곳에서 모여들고 있었다. 그림 왼쪽에 숲처럼 빽빽하게 들어선 집들이 있는 곳이 안트베르펜이다.

안트베르펜의 번영 속도가 얼마나 빨랐는가 하는 것은 1500~69년 동안 70여 년 사이에 그곳의 인구가 두 배로 증가했던 점에서도 알 수 있다. 이 번영의 도시에 많은 예술가들이 모여들어, 안트베르펜의 인구 10만 명 중에 예술가들의 수가 360여 명에 다다랐다 하니 인구 280여 명 당 화가 한 명 꼴인 셈이다. 도시가 번창함에 따라 안트베르펜 사람들은 오만에 가득 차고 욕정에 사로잡혔으며 방향 감각까지 잃어가고 있었다. 브뤼헐은 이런 모습이 바벨탑을 세워 하나님에 대항하고자 했던 구약 속 인간들의 행태와 다를 것이 없다고 보았다.

교만함의 초라함

그림 속 바벨탑은 이미 구름 높이에 이르러 있고 여러 층의 탑이 건물처럼 조직적으로 쌓여가고 있다. 바닷길을 통해 들어오는 건축

자재, 힘찬 크레인을 이용해 들어 올리는 무거운 돌들, 기중기 등이 정말 하늘까지라도 올라갈 것 같은 기세다. 현대 장비를 총동원한 대역사를 방불케 하는데, 그것도 그냥 올린 건축물이 아니라 언덕의 산을 이용해 만든 바빌론의 지구라트를 연상하게 한다.

하지만 이 일을 독려하러 나온 니므롯 왕의 행색은 그 화려한 옷차림에도 불구하고 사뭇 외롭고 초조해 보인다. 석공들이 모두 무릎을 꿇고 있지만, 이들의 경배

「바벨탑」 부분

는 마음에서 우러나온 것인가? 수행자들이나 그의 앞에 꿇어 엎드린 석공들조차
도 왕을 방해꾼 정도로 보는 것 같다.

　내 추측에는 그림 속 니므롯 왕은 네덜란드를 탄압하고 있는 스페인의 펠리페
2세를 상징하고, 이 거대한 탑 또한 앞으로 무너질 합스부르크 제국의 운명을 예견
해 그린 것이 아닌가 싶다.

{ 인간은 아직도 바벨탑을 쌓고 있다 }

자기 뜻대로 무엇이나 할 수 있다고 생각하는 데서부터 오만한 마음이 싹트기 시작한다. 오늘날 인간이 인간복제나 인공지능 개발을 통해 신의 자리에까지 오를 수 있다고 자랑한다면 이 또한 바벨탑을 쌓는 것과 크게 다르지 않으리라. 역사는 사람이 계획한 대로만 흘러가지 않는다. 사람들이 들리는 언어만 들으며, 소리 없이 들려오고 있는 하나님의 말씀을 듣지 못하는 것은 마음이 온통 자기로만 가득 차 있기 때문이다. 하나님이 바벨탑을 무너뜨렸던 것은 더 이상 피할 수 없는 인간의 교만 때문이었다. 그렇다고 인간을 버린 것은 아니다. 오히려 하나님의 개입이야말로 그분의 관심과 사랑이 은총으로 지속되고 있다는 것을 뜻한다.

시편의 말씀은 가슴을 치는 듯한 울림과 큰 감동을 선사한다.

"복 있는 사람은
악인의 꾀를 좇지 아니하며
죄인의 자리에 서지 아니하며

오만한 자의 자리에 앉지 아니하고

오직 여호와의 율법을 즐거워하여

그 율법을 주야로 묵상하는 자로다

(……)

대저 의인의 길은 여호와께서 인정하시나

악인의 길은 망하리로다"(시 1:1~6)

하나님께서 바벨탑을 흩뜨린 것은 그것이 인간의 의롭지 못한 행포이기 때문이기는 했지만, 그렇지 않았다 하더라도 인간의 힘으로 하늘 끝까지 탑을 쌓기는 불가능했을 것이다. 사람은 스스로 강하다고 생각할 때 강한 것이 아니라 자신의 한계와 분수를 알 때 강해진다.

"너는 마음을 다하여 여호와를 의뢰하고 네 명철을 의지하지 말라

너는 범사에 그를 인정하라 그리하면 네 길을 지도하시리라"(잠 3:5~6)

이삭의 희생
시련을 통해 굳건해진 믿음

❋

티치아노 「이삭의 희생」

'**아**'브라함과 이삭의 희생'을 떠올리면 몇 가지 갈등이 내 마음에 교차하곤 했다. 아무리 하나님께서 자식이 없었던 아브라함에게 이삭을 선물로 주셨다 하더라도, 제물로 바치라는 것이 너무 가혹하다는 인간적인 생각이다. 또 100세 넘어 얻은 유일한 아들을 하나님이 요구한다고 해서 거리낌 없이 내어놓은 그의 믿음에 무한한 부러움과 숭고함마저 느끼다가도 솔직히 자기 아들을 죽여야 하는 마음이 얼마나 참담했을까 싶다. 기록에는 없지만 아마 그는 매우 주저하고 통절하게 고민한 끝에 그런 결단을 내리지 않았을까?

아브라함, 여호와 신앙의 정립자

아브라함이 등장한 시기와 당대의 상황을 알면 그를 이해하는 데 도움이 될 것 같다. 정확히 못 박기는 어렵지만 아모리 셈족이 세웠던 고바빌로니아 시대일 것으로 추정된다. 이때는 B. C. 2,000년경으로부터 B. C. 1,700년 무렵의 함무라비 시대 사이로 어림잡아 볼 수 있다.

아브라함에 대한 기록이 여러 문서로 구성되어 있어 신빙성에 몇 가지 이견들이 있지만, 사료들 간의 실제 상이점은 생각보다 적고 오히려 일관성과 통일성을 이루고 있다. 아브라함이 고대 메소포타미아 남부 지역 우르에서 하란으로 이동하고 이어 가나안과 애굽으로 이주한 것은 당시 소아시아의 자유로운 민족 이동의 정황과 일치하고 있다. 아브라함 이야기는 한 가정의 우두머리처럼 가족사적 측면에서 기록되어 있기는 하지만, 그가 큰 씨족 무리의 대표였음이 곳곳에 드러난다. 아브라함은 싸울 수 있는 장정 318명을 동원할 수 있는(창 14:14) 조직력을 갖고 있었다.

이 기록으로 보아 그가 씨족 단위의 정치 집단이자 대단위 민족 형성의 기틀을 다지기 시작한 장본인이라는 추정이 가능하다. 같은 맥락에서 아브라함의 여호와도 개인의 하나님이자 동시에 공동체 민족 단위의 하나님이었다. 계약의 신, 역사의 신의 개념이 탄생한 것도 그로부터였다.

창세기에 아브라함에 대한 기록이 나오면서 그에 대한 언급이 '약속'에서 시작되고 있다는 점에 주목해야겠다. 어쩌면 하나님은 약속에 대한 실증을 위해 아브라함을 등장시키고 있는지 모른다. 하나님이 아브라함과 맺은 첫 약속은 우선 땅에 대한 보장과 하늘의 별처럼 창성할 자손에 대한 보증이었다.(창 15) 주변 국가들이 아직 하나님을 농경사회의 생산성을 담보하는 자연신으로 여기는 단계에 머무르고 있었던 점과는 달리 아브라함의 일화에서 하나님은 계약의 신으로 나타난다. 이런 배경 때문에 아브라함은 이스라엘 민족 정체성의 출발자이자 여호와 신앙의 정립자로 칭송받고 있는 것이다.

아브라함을 다룬 장이 창세기 50장 중 열네 장(창 12~25장)이나 되고 이후 이삭이나 야곱 이야기까지 합해 거의 창세기의 반을 차지한 이유를 짐작할 수 있다. 아브라함과 관계된 에피소드들도 무려 스물두 편이나 되고, 소설처럼 꼬리를 무는 이야기가 역동적으로 진행된다. 이 과정에서 아브라함의 인간적 약점과 강점이 파노라마처럼 드러나지만 이삭의 희생 장면에 이르면 숨 막히는 듯한 절박감을 느끼게 한다.

"여호와여 내가 이 땅으로 업을 삼을 줄을 무엇으로 알리이까"

재미있는 것은 여호와께서 수차례에 걸쳐 약속(창 12:1~9)하셨음에도 아브라함은 이런 약속을 별로 신뢰하지 않은 듯한 태도를 보인다는 점이다. 가나안 땅에 심한 기근과 가뭄이 들어 애굽으로 이주해 사는 중에 일어난 일도 그렇다. 아브라함은 그곳 사람들이 자기의 아름다운 아내를 차지하기 위해 자신을 죽일까 봐 사라를 아내라 하지 않고 누이동생이라 하는데, 하마터면 애굽의 바로 왕이 그녀를 아내로 삼을 뻔한 일이 일어난다. 그만큼 아직 아브라함은 자신이 없는 요령주의자였고 여호와가 한 약속을 까맣게 잊은 듯 행동한다.

그럼에도 그가 애굽에 머무를 동안 육축이 크게 늘어나고 금은보화가 풍성해지는 복된 삶을 살았던 것만은 분명하다.(창 13:1, 2) 이제 조카 롯과 무리를 나누어도 서로가 풍족할 만큼 성장했다. 아브라함은 줄곧 강성해져서 그곳의 여러 족속의 왕들과 싸워 세력을 펼치고 승자의 자리를 굳혔다. 포로가 된 롯을 구하고 살렘 왕 멜기세덱이 떡과 포도주를 가지고 나와 그를 영접한 것도 이런 배경에서다.(창 14:11~20)

이런 중에 여호와는 아브라함에게 다시 나타나 지난번의 약속을 거듭 확인해준다.(창 15:1~2) 그럼에도 아브라함은 마치 투정이라도 하듯 내심 하나님께 반발하는 듯한 모양새다. "당신이 나의 방패가 되시며, 큰 상급을 주신다고 하지만 내가 그것을 어떻게 믿습니까? 내 대를 이을 아들조차 하나 없지 않습니까, 하늘의 별처럼 셀 수 없이 많은 자손이 번창한다고 하지만 여지껏 아들 하나 없는 나로서는 도무지 이해가 안 갑니다." 이렇게 여전히 의구심에 차 있다. 또 하나님께서 이 땅으로 업을 삼게 해준다고 말씀하시자 "여호와여 내가 이 땅으로 업을 삼을 줄을 무엇으로 알리이까"(창 15:8)라고 사뭇 원망조로 다시 묻는다. 이 같은 태도는 '믿음의 모범이요 아버지'라고 하는 아브라함의 이미지에는 도무지 어울리지 않는 처사다.

굳은 믿음의 자리에 선 아브라함

불신과 불만은 여기에서 끝나지 않는다. 아브라함의 아내 사라는 아브라함으로 하여금 여종 하갈을 첩으로 삼게 하여 이스마엘을 낳게 했다. 그럼에도 여호와는 아브라함에게 그의 아내 사라를 통해 아들을 주리라고 약속한다. 그때 아브라함의 반응은 어떠했는가? "아브라함이 엎드리어 웃으며 심중에 이르되 백 세 된 사람이 어찌 자식을 낳을까 사라는 구십구 세니 어찌 생산하리오"(창 17:17)라고 코웃음 치며 대답한다. 이 말을 엿들은 사라조차 속으로 웃고 있다. 하지만 그 후 사라는 잉태하고 달이 차 아들을 낳으니 그가 바로 이삭이다.(창 21:1~7)

이쯤 되면 여호와에 대한 불신도 거둘 때가 된 듯싶다. 이제 이삭을 번제물로 바치라는 하나님의 명령에 그는 즉각 반응한다. 오히려 냉혹할 정도다.

"아브라함이 아침에 일찍 일어나 나귀에 안장을 지우고 두 사환과 그 아들 이삭을 데리고 번제에 쓸 나무를 쪼개어 가지고 떠나 하나님이 자기에게 지시하시는 곳으로 가더니 (······) 이제 번제 나무를 취하여 그 아들 이삭에게 지우고 자기는 불과 칼을 손에 들고 두 사람이 동행하더니 (······) 이삭이 가로되 불과 나무는 있거니와 번제할 어린양은 어디 있나이까 (······) 아들아 번제할 어린양은 하나님이

자기를 위하여 친히 준비하시리라"(창 22:1~8)

그러나 실제 사정은 달랐다. 번제로 이삭을 드리는 그 과정은 차마 눈 뜨고 볼 수 없을 것 같다. 창세기에는 이렇게 기록되어 있다.

"하나님이 그에게 지시하신 곳에 이른지라 이에 아브라함이 그곳에 단을 쌓고 나무를 벌여 놓고 그 아들 이삭을 결박하여 단 나무 위에 놓고 손을 내밀어 칼을 잡고 그 아들을 잡으려 하더니 여호와의 사자가 하늘에서부터 그를 불러 가라사대 아브라함아 아브라함아 하시는지라 아브라함이 가로되 내가 여기 있나이다 하매 사자가 가라사대 그 아이에게 손을 대지 말라 아무 일도 그에게 하지 말라 네가 네 아들 네 독자라도 내게 아끼지 아니했으니 내가 이제야 네가 하나님을 경외하는 줄을 아노라 아브라함이 눈을 들어 살펴본 즉 한 숫양이 뒤에 있는데 뿔이 수풀에 걸렸는지라 아브라함이 가서 그 숫양을 가져다가 아들을 대신하여 번제로 드렸더라"(창 22:9~13)

티치아노, 인간 내면에 흐르는 심성을 드러내다

티치아노Tiziano Vecellio, 1490~1576는 르네상스기의 베네치아 미술을 정상급 미술로 이끌어 올린 거장으로 바로크 양식의 선구자였다. 당시 이탈리아에는 라파엘로, 미켈란젤로, 레오나르도 다 빈치와 같은 거장이, 북유럽에는 보스, 뒤러, 그뤼네발트 등이 기량을 다투고 있을 때였다. 티치아노가 살

앉던 시기는 가히 르네상스 미술이 가장 찬란하게 꽃피웠던 시기인데도 그가 차지하는 위상은 이들 못지않게 뚜렷했다.

당시 베네치아 화가들은 습한 기후로 인해 프레스코화 제작에 어려움을 겪고 있었는데 티치아노는 유화물감을 효과적으로 사용할 수 있는 방법을 개발했다. 우선 캔버스 위에 두꺼운 밑칠을 하고, 검은 선으로 형태를 그렸다. 그다음 형태 별로 색감에 따라 단색으로 칠하고 난 다음 세부 작업으로 들어간다. 그는 붓질을 굳이 숨기려고 하지 않았으며 형태와 형태 간의 구별을 뚜렷이 하지도 않았다.

또한 형태의 중요성 못지않게 빛을 능수능란하게 표현함으로써 그림에 입체감과 생동감을 줬다. 그러나 무엇보다도 그의 그림의 특징은 광택에 있었다. 유화물감에 광택제를 사용해 빛이 일렁이게 하는 기법을 쓴 것이다. 그는 광택성이 그림의 30~40퍼센트를 차지해야 한다고 믿고 있었다. 티치아노가 초상화의 대가로 알려진 데에는 이런 기법을 통해 인간 내면에 흐르는 심성을 외부로 드러내는 탁월한 역량을 가졌기 때문이다.

거장들이 그린 「이삭의 희생」

티치아노의 「이삭의 희생」은 베네치아의 산타 마리아 델라 살루테 성당의 천장 중앙에 그려진 작품이다. 그 크기도 세로 328센티미터, 가로 282센티미터에 이르는 대작으로 중심부에 역동적으로 서 있는 아브라함이 전체 화면을 압도하고 있다. 뒷배경의 하늘은 폭풍 전야를 방불케 하는 급박함과 불안한 예감을 풍긴다. 오른쪽 아래 아브라함의 왼손에 내밀린 이삭의 얼굴은 너무도 천진난만해 애잔함을 더한다. 이 절박한 순간에 하늘에서 떨어지는 듯한 천사는 아브라함의 칼등을 우선 다급히 붙들었다. 천天·지地·인人이 대각선으로 만나는 그 순간에 오른쪽 아래 희생 제물인 숫양의 얼굴과 타고 온 당나귀의 순진무구한 눈빛에서 오히려 슬픔이 느껴진다.

이삭의 희생을 다룬 대표적인 작품으로는 브루넬레스키, 카라바조, 렘브란트,

「이삭의 희생」 티치아노, 1542~44년, 베네치아 산타마리아 델라 살루테 성당

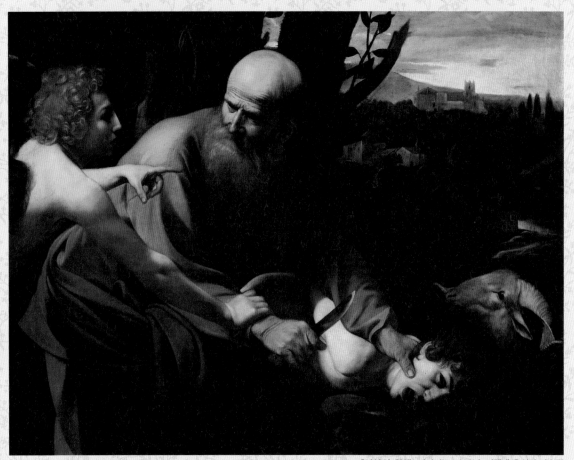

「이삭의 희생」 카라바조, 1603년, 피렌체 우피치 미술관

「이삭의 희생」 렘브란트, 1635년, 상트페테르부르크 예르미타시 미술관

알론소 베루게테 등의 것이 있다. 웬일인지
나는 짓궂게도 이 절박한 순간에 이들이 어
떤 태도와 표정을 하고 있는지가 궁금했다.
이를 통해 거장의 면모를 보고자 하는 호
기심의 발로라 할까.

　우선 티치아노는 차마 아브라함의 표정
을 보여줄 수 없었는지 얼굴을 천사에게
돌리고 있게 했다. 티치아노는 그의 작
품에 정신성spirituality과 감각성sensuality
을 조화롭게 잘 드러내는 작가로 알
려져 왔지만 이 작품에서도 이러한
그의 특징을 유감없이 발휘하고 있
다. 카라바조는 사실주의자답게 이삭
은 공포에 찬 얼굴로 그렸고, 아브라함
은 슬픔을 억누르려 더욱 경직된 얼굴로
그렸다. 렘브란트의 경우 이삭의 얼굴은
아예 손으로 가려져 알 수가 없지만 아브
라함의 몸이 굳어 있고 놀란 표정이 역
력하다. 알론소 베루게테는 두 사람 모
두 울고 있는 모습으로 표현했는데, 어
쩌면 이것이 인간적 진실인지도 모르겠다.

「이삭의 희생」
알론소 베루게테, 1526~62년, 발라돌리드 종교
조각품 국립 미술관

「이삭의 희생」 브루넬레스키, 1401년, 피렌체 바르젤로 국립미술관

그때 이삭은 묶여 있었는가 풀린 채로 였는가? 카라바조와 렘브란트, 브루넬레
스키의 경우는 하나같이 묶여 있으나 티치아노는 묶지 않은 채로다.

{ 기다리시는
하나님의 은혜 }

앞에서도 얘기했지만 나는 아브라함이 이삭을 희생 제물로 바칠 때 보여준 굳
건한 믿음이 늘 부러웠다. 반면 나 자신의 늘 주저하는 미지근한 믿음에 대해
서 열등의식을 느껴왔다. 하지만 아브라함 또한 굳은 믿음에 이르기까지 여러
번의 실패와 부끄러움을 겪었음을 알게 되면서 솔직히 마음에 위로를 받았다.
어찌 보면 아브라함이 믿음의 자리에 굳게 선 것은 그의 공로보다는 오래 기다
리시는 하나님의 은혜 덕분이 아닐까. 여전히 '나라면 어떻게 했을까'에 생각이
미치면 고개를 떨구고 대답을 잃을지 모르지만.

출애굽
십계명을 받은
고독한 지도자, 모세

베카푸미 「모세와 황금 송아지」

여호와 하나님은 어떤 모습을 하고 있으며 어떤 존재일까? 이런 나의 의문에 대해 가장 인상적인 해답을 주었던 것이 모세와 여호와의 대화였다. 당시 모세가 목숨을 피해 미디안 광야에서 목축으로 생계를 이으며 은둔 생활을 하던 중 호렙산 떨기나무 앞에서 여호와를 만난 것은 우선 음성을 통해서였다. 하나님께서는 모세에게 애굽에서 노예 생활을 하던 이스라엘 백성들의 고통이 극에 달했으니 이들을 해방해 약속의 땅 가나안으로 가라는 엄청난 명령을 내렸다. 이때 모세는 당신은 누구이기에 감히 그런 명령을 하느냐, 누가 이 일을 시켰다고 말하며 내가 무슨 증거로 이스라엘 노예민들을 설득할 수 있겠느냐고 당황하며 물었다. 그때 모세에게 내린 하나님의 대답이 이것이다.

"나는 스스로 있는 자니라 너는 이스라엘 자손에게 이같이 이르기를 스스로 있는 자가 나를 너희에게 보내셨다 하라"(출 3:14)

여호와는 당신을 '스스로 있는 자'라고 규정했다. 이는 누가 당신을 만들어준 것도 아니고 당신 스스로 있게 하는 존재라는 말이다. 이전이나 이후에나 당신과 같은 이가 있을 수도 없고 있어서도 안 될 유일한 절대 시작이자 끝이라는 뜻이다. 그만이 스스로 있을 수 있는 반면에 그 외의 모든 존재는 스스로 있는 자에 의해 있게 된다. 즉, 그는 근원이자 목적이며 의미라는 이야기다.

여호와는 또한 시간을 초월한 변함없는 존재다. 언제나 시작했던 그대로이며, 과거나 미래에 예속되지 않는 영원한 현재다. 시간 속에 항상 현재하는 이 신은 눈에 보이지 않지만 당신을 역사를 통해 드러낸다. 이와 같이 역사를 통해 여호와를 드

「물에서 구해진 모세」 푸생, 1647년, 파리 루브르 박물관

러내는 대하드라마의 사건이 바로 출애굽, 즉 애굽에서의 탈출이다.

고난의 지도자, 모세의 등장

성경에는 이스라엘인들이 애굽에 들어와 살게 된 경위도 철저히 섭리적으로 설명되어 있다. 엄청난 수의 이스라엘인들이 민족이동을 방불할 만큼 애굽에 정착해 살게 된 시기는 요셉이 애굽의 최고 행정책임자 자리에 있었던 그 무렵인 듯하다. 그 당시 이스라엘인들은 대접받는 민족이었다.

역사가들은 이때를 애굽의 제2중간기, 다시 말해 힉소스 족의 지배(B. C.

1785~1575) 시기쯤으로 추정하고 있다. 이방인인 요셉이 그처럼 높은 지위에까지 올라갈 수 있었던 것은 애굽이 이민족 힉소스 족의 지배하에 있었기 때문이 아니었을까. 그러나 18왕조 때 다시 신왕조가 들어서므로 힉소스 족은 축출당하고(B. C. 1575년경) 요셉을 알지 못하는 새 왕들의 시대가 시작되었다.(출 1:4) 이때부터 이스라엘인들은 계속 노예의 길을 가게 되었고, 모세의 성년기쯤에는 그 고통과 폭압으로 인한 신음소리가 커져갔다.

출애굽의 시기를 B. C. 1400년 무렵이나 B. C. 1200년 무렵 어느 쪽으로 잡든지 노예 생활 기간은 소급하여 200~400여 년으로 추정할 수 있다. 이런 어려움 속에서도 이스라엘인의 출생률은 얼마나 높았던지 이 민족은 번식하고 창성해져갔다. 급속한 인구 증가에 위협을 느낀 파라오는 남자가 출생하거든 모두 죽이라고 산파에게 명령할 정도였다. 이 무렵 이스라엘인들은 애굽인들에게 이

「모세」 미켈란젤로, 1513~15년, 로마 성 베드로 성당

미 위협적인 존재였다. 이 같은 시대의 아픔과 위기를 등에 업고 등장한 인물이 고난의 지도자 모세였다.

모세는 잘 알려진 것처럼, 애굽인을 죽이고 목숨을 유지하기 위해 도망치는 신세였다. 미디안 광야에서 목자로 40여 년간 성찰과 단련과 회한의 생활을 하던 중 떨기나무 불꽃 가운데서 여호와를 만났을 때 그의 나이는 80세였다.

출애굽의 대장정

출애굽 사건은 이스라엘 민족사의 대기폭제였다. 족장 시대를 거치면서 이스라엘 민족들은 다양하게 흩어져 있었다. 하지만 출애굽의 시련은 이들을 하나로 묶어 민족 공동체 의식을 탄생시켰다. 어쩌면 그보다 더 중요한 것은 이 사건을 통해 여호와 유일신을 민족 공동의 신으로 확고하게 받아들였다는 점일지도 모른다.

40년 동안 광야에서 겪은 시련은 여호와의 절대성을 세우는 과정이라 해도 과언이 아니다. 출애굽과 민수기에는 이스라엘인들의 반역과 거부와 불평이 난무하는 것이 사실이다. 하지만 역으로 냉정하게 생각하면 이는 여호와께서 당신의 전능함을 보여주고, 반대자를 제거하는 계기도 되지 않았을까.

이 때문인지 혹자는 구약의 의도를 정확히 알려면 출애굽기부터 읽어야 한다고 말한다. 사실 출애굽의 진정한 의미는 이스라엘인들을 애굽의 노예 상태에서 해방시키는 것만이 아니었다. 오히려 이스라엘인들이 여호와의 약속을 신뢰하고 약속의 땅에 가고자 하는 열망을 버리지 않았다는 점이 훨씬 중요하다.

이러한 전환적 의미 때문에 이스라엘 민족은 중대한 시련에 부딪힐 때마다 출애굽 사건을 떠올렸다. 이 대장정이야말로 살아 있는 하나님에 대한 증언이자 가장 본래적인 역사적 근거였기 때문이다. 출애굽은 지역 이동이자 동시에 신앙의 길이었다. 그래서 모세 당시에도 그 자신이 기회가 있을 때마다 이 사건을 되살려 기억시켰다.(신 32:1~52) 신약 시대에 이르러서는 광야 40년간을 '광야 교회'(사 7:8)라고 부를 정도로 이의 정통성을 이어갈 것을 역설했다.

예수님의 가르침에서, 스데반의 설교(행 7장)에서, 바울의 선교에서 이 사건은 계속해서 반복되고 있는 것으로도 알 수 있다. 요컨대 이는 이스라엘 민족에게도 기독교 교육에서도 최대 주제였다. 이들에게 출애굽 사건은 모세를 통해 여호와의 역사 속 행적을 보여준 것이었다.

이스라엘 민족의 어리석음 속에서도 흔들리지 않은 모세

출애굽 당시 이스라엘 민족은 이미 노예근성에 푹 젖어 있었다. 자존심을 지키기보다 안일의 대가로 치욕을 감내했다. 문제의 심각성은 이것이 죄에 대한 노예근성으로 이어지는 데 있다.

광야에서 이스라엘인들의 불평과 불만은 끊이지 않았다. 물이 쓰다고 원망했고(출 15:23) 애굽 땅에 있을 때에 배불리 먹었던 고기와 떡을 그리워했다. 또한 사막의 목마름을 참지 못하고 모세에게 물을 마시게 해달라고 불평했다.(출 17:1~4) 그뿐 아니라 애굽에서의 탈출 자체를 부정하고 다시 돌아가겠다고까지 위협했다.

그때마다 여호와께서는 나무토막을 물에 던지거나 바위를 쳐서 물을 내고, 놋뱀으로 독사를 이겨내게 하며, 만나와 메추라기로 고픈 배를 채우게 해 이스라엘 민족이 위기를 이겨내게 했다. 그러나 인간의 본성은 그토록 강팍한 것인지 이스라엘인들의 불평은 계속되었다.

그 불만과 항거의 절정인 사건이 바로 모세가 시나이산에서 하나님께 십계명을 받고 돌아올 동안에 일어나고 말았다. 모세가 더디 내려오는 것을 참지 못한 불평자들은 그의 형 아론을 위협해 다른 신神인 금송아지를 만들었던 것이다.(출 32:1~7)

출애굽기에는 열 가지 이적을 통한 파라오의 고집 꺾기, 홍해의 물을 가르는 일 등 놀랄 만한 사건들이 많다. 그중에서도 출애굽 최대의 사건은 '십계명'의 제정이라고 보고 싶다. 물론 그들이 출발한 목적은 약속의 땅에 가는 것이었지만, 그 과정에서 십계명이 없었으면 결코 이를 수 없었을 것이다. 어쩌다 이르렀다 하더라도 다시 흩어지고 그곳 팔레스타인 이교문화에 동화되고 말았을 터다.

모세에 대한 평가는 프로이트나 존 브라이트 등의 견해에서 보는 바와 같이 다양할 수 있다. 그를 전설적 요인이 많은 인물로 격하하는 해석이 없는 것은 아니지만 성경에서 말한 대로, 또 『이스라엘의 역사』(엄성옥 옮김, 은성, 2002년 출간)를 쓴 존 브라이트가 동의한 대로 그는 이스라엘 신앙의 위대한 창시자이자 예언자다. 노예 생활을 끝내고 이스라엘 민족을 애굽에서 이끌어낸 지도자이며 법의 제정자다. 하나님께서 그에게 십계명과 여타 법을 허용한 것은 그의 인물 됨됨이를 이미 간파했기 때문일 것이다.

십계명의 뜻

십계명을 둘러싼 위기도 이런 시각에서 바라보고 싶다. 십계명을 받은 시기는 이스라엘 일행이 애굽을 떠난 지 3개월째 되는 무렵으로 조직을 위한 법을 제정할 필요가 커지고 있었을 때다. 하나님께 이 법을 받기 위한 사전 준비와 절차가 매우 엄숙하고 순결했던 것으로 보아 이는 거민족적인 행사였음이 여실하다. 모세가 산 위의 불 가운데, 구름 가운데, 흑암과 같은 초자연적인 분위기에서 큰 음성으로 받은 열 개의 계명은 서구 문명과 종교에 큰 영향을 미친 받침대였다. 우리 손가락이 모두 열 개이듯이 열 항목으로 정리된 이 계명은 매우 직접적이고 간명하다.

제일은 너는 나 외에는 다른 신들을 네게 있게 말지니라

제이는 너를 위하여 새긴 우상을 만들지 말고

제삼은 너는 너의 하나님 여호와의 이름을 망령되이 일컫지 말라

제사는 안식일을 기억하여 거룩히 지키라

제오는 네 부모를 공경하라

제육은 살인하지 말지니라

제칠은 간음하지 말지니라

제팔은 도둑질하지 말지니라

제구는 네 이웃에 대하여 거짓 증거하지 말지니라

제십은 네 이웃의 집을 탐내지 말지니라 (출 20:1~17, 신 5:6~21)

「십계명」 렘브란트, 1659년, 베를린 국립미술관

열 개의 계명은 크게 네 개의 부류로 나눌 수 있다. 첫 번째 분류에 속하는 1~3계명은 유일신으로서 하나님의 위상을 모든 신 위에, 그리고 모든 사람들의 삶 위에 놓으라는 명령이다. 여호와는 당신을 절대화하고 그 외의 모든 것을 상대화할 뿐 아니라 신앙의 분열을 극히 경계했다. 이 계명은 어떻게 보면 매우 독선적이고 배타적인 듯하지만 바꾸어 보면 여호와께서 역사와 인생을 책임지겠다는 선언이다. 혼돈과 다원의 세상에서는 오히려 절대적 기준이 있을 때에 질서가 가능하다. 포스트모더니즘에서 중심의 해체를 주장하지만 그 대안이 없는 것이 아쉽다. 아무리 자유로워지고자 해도 구심력이 있을 때 원심력도 존재한다는 측면에서 이 계명들을 이해하고 싶다.

두 번째 분류에 속하는 4~5계명은 안식일을 지키고 부모를 공경하라는 것이다. 안식일을 지키라는 말은 하나님이 우리 영혼 속에 들어올 수 있는 공간을 마련하라는 뜻이기도 하다. 세상사에 찢긴 마음을 치유하는 최상의 길은 자기의 내면으로 돌아오는 일이다. 그곳에서 하나님을 조용히 만날 때 진정한 평화가 찾아온다. 또 이 노동 강요의 시대에 모두가 하루를 쉬게 하라는 것은 억압되고 소외된 자들이 당하는 착취와 수탈을 막자는 사회적 배려가 깔려 있음에 특히 주목해야겠다. 노예제도가 정당화되던 고대 사회에서 말이다. 부모를 공경하라는 것은 인간을 소중히 하라는 당부다. 이는 경제적 능력만이 인간 평가의 기준이 되는 위험을 경고하는 말이다. 노동력을 상실한 부모를 공경하라는 것은 경제적 가치 외의 것을 바라보라는 가르침이다. 오늘날 자본주의의 경쟁력 중시와 시장경제 논리의 횡포가 얼마나 많은 생명들을 버리고 상처받게 하고 있는가.

다음 6~8계명은 개인의 생명을 중시하고 공동체 안에서 가정의 존엄성을 지켜

나가자는 계율이다. 살인하지 말고, 간음하지 말며, 도둑질하지 말라는 것은 생명과 성 윤리, 각자의 소유를 위해 지켜야 할 가장 기본적인 수칙이다. 이는 또한 하나님 앞에 순결해야 하고 인간이 무절제한 자신의 욕망에서 해방되어야 한다는 요청이기도 하다.

마지막 9~10계명은 거짓으로 타인들에게 불이익을 주는 것을 막자는 의도다. 거짓 증언은 곧 불신을 낳게 되며 이는 그 사회를 지탱하는 준거를 무너뜨리고 만다. 남의 것을 탐내어 부당하게 탈취하는 것은 그 사회에 보복 심리와 불안을 만드는 그릇된 처사다.

법이 많은 사회는 살기 좋은 사회가 아니다. 몇 안 되는 법만 제대로 지켜진다면 또 그 정도의 질서만으로 유지되는 사회라면 그것은 바람직한 공동체. 십계명에서는 "하지 말라"라는 금지에 강조점을 두었으나, 신약에서 이 계명들은 "하라"라는 긍정의 명령으로 완성된다. 하나는 하나님을 사랑하라는 것이요, 두 번째는 네 이웃을 사랑하라는 가르침이다.

> "예수께서 가라사대 네 마음을 다하고 목숨을 다하고 뜻을 다하여 주 너의 하나님을 사랑하라 하셨으니 이것이 크고 첫째 되는 계명이요 둘째는 그와 같으니 네 이웃을 네 몸과 같이 사랑하라 하셨으니 이 두 계명이 온 율법과 선지자의 강령이니라"(마 22: 37~40)

그런데 두 판에 새겨진 법을 들고 내려온 모세의 앞에 어떤 일이 벌어지고 있었던가. 그들은 금송아지를 만들어 우상숭배의 축제를 벌이고 있었던 것이다.

"모세가 가로되 이는 승전가도 아니요 패하여 부르짖는 소리도 아니라 나의 듣기에는 노래하는 소리로다 하고 진에 가까이 이르러 송아지와 그 춤추는 것을 보고 대노하여 손에서 그 판들을 산 아래로 던져 깨뜨리니라"(출 32:18~19)

서정이 흐르는 그림 속의 분노하는 모세

「모세와 황금 송아지」를 제작한 도메니코 베카푸미Domenico Beccafumi, 1486~1551는 이탈리아 중부 도시 시에나 근처에서 태어났다. 그의 초기 생애에 대해 알려진 것은 미술사가 바사리가 기록한 내용이 전부다. 그는 잠시 로마를 방문하고(1510~12), 피사에 머물렀으며(1536~41), 1530년대 중반에 제노바에 들른 적이 있다. 또한 시에나에 그림 공방을 열고 그곳에서 전 생애를 보내며 시에나 화풍을 연 화가였다.

그에게 영향을 미치거나 당대를 살았던 화가로는 알베르티넬리와 프라 바르톨로메오 등이 있으며 당시 로마에서는 미켈란젤로와 라파엘로가 활동하고 있었다. 그는 독학으로 화법을 훈련했으며 여러 화가들에게 영향을 받았다. 베카푸미는 당대의 화가 페루지노나 라파엘로 같은 이탈리아 중부 움브리아 화파의 양식을 받아들였는데, 이 화파는 온화한 자연과 인물을 구성해 움브리아인이 전통적으로 지닌 경건한 종교심을 반영한 그림들을 그렸다. 또한 베카푸미는 강한 명암을 표현하기 위해 레오나르도 다 빈치의 키아로스쿠로 기법을 쓰기도 했다.

하지만 그는 자신만의 길을 만들어갔다. 베카푸미는 레오나르도나 라파엘로로 대표되는 전성기 르네상스의 규범을 따르기를 원하지 않았다. 그래서 그는 소위 반

「모세와 황금 송아지」 베카푸미, 1536~37년, 피사 두오모 성당

反고전주의 양식, 즉 초기 매너리즘에 해당하는 화풍을 이끌어가는 대표 주자가 되었다. 그가 전성기 르네상스의 마지막 위대한 화가로 불리는 까닭이다.

베카푸미 그림의 특징은 길게 늘어진 신체, 과장된 몸짓, 선명히 드러낸 감정, 무엇보다 뜨겁고 생생한 색감과 이국적 분위기로 요약될 수 있다. 그는 빛의 화가이자 색의 화가라고 불리는데, 이는 자연의 빛과 상징적인 빛의 대비를 표현주의적으로 드러내는 아주 탁월한 재능 덕분이다.

화가에 대해 이야기하다 보니 그가 그린 「모세와 황금 송아지」에 관해서도 상당한 부분을 이야기해버린 셈이 되었다. 이 그림은 세로 197센티미터, 가로 139센티미터로 화폭이 작지 않지만, 등장하는 인물들이 많아 화면이 빽빽이 채워진 느낌이다. 왼쪽 아래, 나신의 젊은이는 놀라 넘어진 채 도망치려는 자세인데 정통 단축법으로 그려져 있다. 이 젊은이는 첫 번째 던진 돌판에 이어 두 번째의 돌판을 던지려는 모세의 몸짓에 경악하고 있다.

오른쪽을 채우고 있는 여인은 모세를 응시하면서 출렁이는 내면을 온몸으로 드러내고 있는데, 엷은 옷 주름이 흘러내리는 몸매가 서정적으로 아름답다. 놀라 엄마를 붙드는 어린아이는 절박한 분위기를 더한다.

왼쪽 위의 모세는 모든 이들의 시선을 받으며 과장된 S자 형 콘트라포스토 포즈를 취하고 있다. 온몸의 무게는 왼쪽 다리에 가 있고, 무릎을 구부린 오른쪽 다리는 들려 있다. 굳건히 붙든 돌판은 힘센 모세조차 들어올리기에 무거워 보인다. 모세를 향해 굴곡 있게 내려 뻗은 산 언덕에는 빛이 환히 비추고 있다. 그 사이에 놓여 있는 작은 황금 송아지조차 모세를 불안하게 쳐다보고 있다. 산 언덕 뒤로 멀리 보이는 광야와 이를 가로지르며 트여 있는 가느다란 길이, 여기까지 이른 이스라엘인들의 고난을 상징적으로 말해준다.

　매우 절박한 순간인데도 전체적으로 여전히 온화하고 깊은 서정이 흐르고 있는 것은 베카푸미 특유의 화법으로 그렸기 때문일 것이다. 하지만 이 그림에서 모세는 분노하고 있다. 흔히 분을 삭이는 것이 미덕이라고들 하지만, 통제되지 않는 분노는 죄일지 몰라도 분노할 때 분노하지 않는 것 또한 바른 처사는 아니리라.

{ 모세에게 배우다 }

나는 출애굽기를 읽으면서 늘 두 가지 아픔을 느꼈다. '모세가 얼마나 힘들었을까' 하는, 기다림의 지도자 모세에 대한 연민의 정이다. 그러고도 그는 가나안 땅에는 결국 들어가지 못했다. 모세조차도 때로 마음이 흔들릴 때가 있었다.(민 20:12) 그러나 그의 위대함은 흔들리지 않음에 있는 것이 아니라 끝까지 여호와를 의지한 데 있었다. 그는 그의 역사적 몫을 다하는 것으로 지족知足해야 했다. 또 하나는 '인간의 죄성이 얼마나 깊고 끈질기며 반역적인가'다. 여호와께서 그 많은 이적과 기사를 행하셔도 이스라엘인들에게 그것은 그때뿐이었다. 얼마 가지 못해 불평하고 다투고 심지어 위협까지 했다. 그들의 행태를 보면 인간은 어쩔 수 없구나 하는 자괴감마저 든다.

그러나 절망할 일은 아니라고 다시 나를 추스른다. 그들의 문제를 통하여 인간은 또 전진하고 있기 때문이다. 우리에게 문제가 있다는 것은 살아 있다는 증거다. 문제를 탓할 것이 아니라 어떻게 해결하느냐가 중요하다. 때로 마음이 좁아질 때 모세를 떠올리며 이렇게 다짐한다. 결코 누구도 대결하고 적대해서는 안 된다. 포용하고 이해하고, 할 수만 있다면 사랑해야 한다고 스스로에게 거듭 다짐하며 내가 고통스러울 때마다 모세를 다시 생각한다.

욥의 고통
피할 수 없는 섭리의 질서

조르주 드 라 투르 「욥과 그의 아내」

누구에게나 고통과 고난은 삶의 최대 과제이자 난제이다. 내 경우도 예외는 아니어서, 대학 시절 생生의 의미를 생각할 때면 이 고통의 문제가 늘 걸림돌이었다. 삶의 무게가 나를 짓누를 때 그런 고통을 감내하면서까지 살아야 하는 것이 꽤나 짐스러웠던 것 같다. 그토록 괴롭게 사느니 차라리 죽는 편이 나을지도 모른다는 회의에까지 빠져들었다. 그렇기에 고통의 문제에 대한 해답이 없이는 인생의 의미도 찾을 수 없을 것 같았다. 철학자 칼 뢰비트가 고통에서 의미를 찾지 않고는 역사에서도 의미를 찾을 수 없다고 말한 것은 같은 이유에서다.

내가 욥기에 큰 관심을 가졌던 것도 이런 배경과 연관되어 있었다. 그러나 나같이 우둔한 자에게는 욥기의 가르침조차 헷갈렸던 것 또한 사실이다. 요컨대 고통의 이유는 무엇인가였다. 죄를 범한 자는 그 벌로 고통을 당하는 것이 당연한지도 모른다. 앞으로 더 큰 죄를 짓는 재앙을 막기 위한 경고적 의미의 고통도 있을 수 있다. 어쩌면 고통의 목적에는 인간을 바꾸는 것도 있을 수 있겠다. 하지만 문제는 하나님께서 인간의 생각으로는 헤아릴 수 없는 이유로 고통을 준다면 우리는 이것을 어떻게 이해하고, 어떻게 반응할 것인가이다.

다시 말해 욥이 자신을 변호했듯이 그가 무고한 사람이라면 그가 당하는 고통은 정당한 것인가? 그뿐만 아니라 욥의 주장처럼 그는 정말 무고하며, 죄인이 아니란 말인가? 만일 욥과 같은 경우를 당했을 때 나는 어떻게 처신했을까 하는 생각에 이르면 두려움마저 느끼게 된다. 벽이 없어도 사방이 막혔을 때가 있고 문이 있어도 나갈 수 없는 처지에 놓일 때가 있지 않던가.

친구와 아내에게 버림 받은 욥

                          욥이 어려운 처지에 놓이게 된 사정은 여호와와 사탄 사이의 대화 내용을 통하여 짐작된다. 처음에는 재산과 자녀들을 뺏기는 시련이 삽시간에 닥쳤다. 약탈자들이 소 500마리, 암나귀 500마리, 낙타 3,000마리를 빼앗아 갔을 뿐 아니라 양 7,000마리가 벼락에 맞아 죽었다. 그리고 그토록 사랑하는 자녀 열 명의 목숨을 폭풍우가 통째로 앗아 갔다.(욥 1:6~19) 그래도 욥은 믿음을 지키며 이 일에 범죄치 아니하고 하나님을 원망하지 않았다. 이에 사탄은 다시 2차 타격을 가했는데 그것은 욥 자신의 신체를 향한 것이었다. 화가 조르주 드 라 투르가 「욥과 그의 아내」에서 그린 소재가 바로 이 장면이다.

> "사탄이 이에 여호와 앞에서 물러가서 욥을 쳐서 그 밑바닥에서 정수리까지 악창惡瘡이 나게 한지라 욥이 재 가운데 앉아서 기와 조각을 가져다가 몸을 긁고 있더니 그 아내가 그에게 이르되 당신이 그래도 자기의 순전을 굳게 지키느뇨 하나님을 욕하고 죽으라"(욥 2:7~9)

이때 욥은 집 근처에도 있지 못하고 도시 밖으로 쫓겨나 잿더미 위에 앉아 있었다. 『욥기강해』에 따르면 그곳은 도시에서 모은 쓰레기를 태우는 곳으로, 도시에서 버림 받은 사람들이 모여 구걸하며 사는 곳이었다. 그의 신체적 고통이 얼마나 심했는가는 "내 살에는 구더기와 흙 조각이 의복처럼 입혔고 내 가죽은 굳어졌다가 터지는구나"라는 한탄에서 잘 드러난다.(욥 7:5) 그리고 그가 얼마나 버림 받은 왕따가 되었는지는 "나의 가까운 친구들이 나를 미워하며 나의 사랑하는 사람들이 돌

「욥에게 역병을 내리는 사탄」 윌리엄 블레이크, 1826년경, 런던 테이트 갤러리

이커 나의 대적이 되었구나"라고 탄식하는 것에서 알 수 있다.(욥 19:19)

욥의 친구들도 그를 죄인으로 몰아붙이며 그 때문에 하나님의 징벌을 받는 것이라고 논박하면서 위로는커녕 협박을 하다시피 했다. 하지만 이보다 더 견딜 수 없었던 것은 그의 아내마저 이들의 입장에 동조해 "하나님을 저주하고 죽으라"라고 극언을 서슴지 않았다는 사실이다.

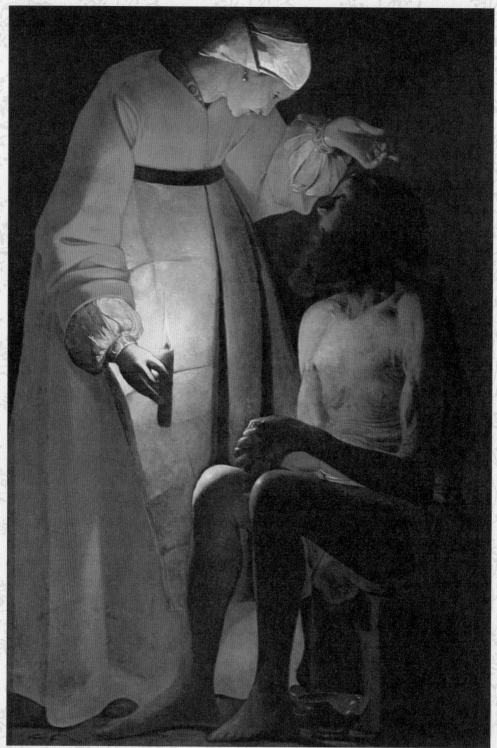

「욥과 그의 아내」 조르주 드 라 투르, 1630년대, 에피날 보주 박물관

욥과 그의 아내의 대조

　　　　　　　　　　프랑스 태생 화가 조르주 드 라 투르Georges de La Tour, 1593-1652는 욥과 그의 아내 사이의 극적이고 긴장된 순간을 한 폭의 그림에 담고 있다. 촛불이 있는 종교화로 잘 알려진 그는 그가 살았던 루네빌 시의 전폭적인 지지와 루이 13세의 사랑을 받으며 당대 화려한 명성을 누렸다. 하지만 그는 지난 200여 년 동안 거의 완벽하게 잊혀졌다. 그러다가 19세기에야 다시 발견되어 살아올랐으니, 왠지 바람에 펄럭이는 촛불의 운명을 보는 것만 같다. 잊힌 작가가 어떻게 되살아날 수 있는지를 보여주는 대표적인 한 사례라는 점이 그렇다.

　그가 교육받은 배경과 행적에 대해서는 별로 알려진 것이 없지만, 그가 빛을 사용하는 방식으로 보아 카라바조Caravaggio, 1573-1610의 영향을 많이 받은 것만은 확실하다. 라 투르는 이 그림에서도 촛불을 가운데에 두고 욥과 그의 아내를 화면 가득 채우고 있는데, 그 차지하는 자리는 단연 욥의 아내가 압도적으로 크다. 조용하나 강렬한 촛불 위로 화사하게 빛나는 주홍빛 비단옷은 눈을 시리게 할 정도다.

　그와 대비해서 아픔으로 위축된 듯이 초라하게 앉아 있는 욥의 체구는 왜소하다. 그의 눈은 허공을 향한 듯 초점이 빗나가 있고, 수염은 먼지에 찌들어 불결하며, 몸은 가려움증으로 뒤틀려 있고, 입은 할 말을 잊은 듯 벌려져 있다. 그가 앉은 잿더미 옆 사금파리는 촛불 사이로 빛나는 욥 아내의 화사한 치맛자락과 참담히 대비된다. 빛으로 밝은 부분은 섬세하고 우아하게 그렸지만 어두운 그늘 부분은 대담한 붓질로 단순하게 처리했다. 그는 등장인물을 화면 가득 채우고 두 사람만을 대면하도록 함으로써 극적인 효과를 얻고 있다. 조르주 드 라 투르는 움직이는 듯한 촛불 빛 덕분에 화면에 일렁이는 듯한 불안한 고요, 신비 그리고 냉정함까

「목수 성 요셉」 라 투르, 1645년, 파리 루브르 박물관

지 표현하고 있다. 어떻게 보면 비극이 색과 빛의 향연으로 가려진 듯하다.

욥의 아픔이 얼마나 컸던지 그의 고통은 바빌로니아 유수 때의 유대인의 아픔에 비견되기도 한다. 기원전 6세기 두 번에 걸쳐 신바빌로니아에 정복당했을 무렵, 많은 유대인들은 바빌론으로 끌려가 방랑 생활을 하지 않았던가. 욥기가 그 무렵에 쓰였을 것이라는 추측도 이 같은 사연에서 생긴 것 같다. 또한 프랑스 샤르트르 대성당의 조각에서는 욥의 고통을 교회의 고통이자 그리스도의 고통에 비유하고 있다. 그에 반해 욥의 부인은 세속적인 욕망, 육신의 삶을 상징하는 것으로 대비시킨 것도 재미있다. 한편 욥의 세 친구들은 왕왕 그리스도 교인이 아닌 이교도로 평가 절하되고 있다.

「잿더미 위의 욥과 그의 아내」
뒤러, 1500~03년, 프랑크푸르트 슈테델 미술관

뒤러가 그린 「잿더미 위의 욥과 아내」에는 성서 내용과 달리, 욥의 아내가 욥에게 물을 끼얹어주는 장면이 그려져 있다. 이는 뒤러가 이 그림을 작센의 선제후에게 제작을 요청받았을 때 그렸다는 특수한 배경 때문이다. 당시 프리드리히 선제후는 전염병으로 고통 받는 이들에게 위안을 줄 목적으로 뒤러에게 이 그림을 주문했기 때문이다. 욥은 이후 환자들의 수호성인이 되었다.

✦
욥의 고통

{ 고통, 순종의 과제 }

악은 어디에서 오는 것인가? 아우구스티누스는 악의 원인을 두 가지로 나눠서 말한다. 하나는 인간이 자유의지를 잘못 사용해서 악을 행하게 되는 것이요, 다른 하나는 자연 재난과 같은 것인데 이는 하나님이 인간을 다스리기 위해 쓰는 도구일 수 있다. 하나님은 절대 선이시기에 악의 원인은 아니지만 필요할 때는 악을 허용한다는 것이다.

욥의 세 친구들이 잘못한 것은 욥의 고통이 그가 저지른 죄 때문이라고만 강변했다는 점이다. 하지만 기독교에서 고통의 문제는 권선징악의 단순한 차원은 아니다. 징벌은 사랑의 밖에 있지 않고, 사랑 안에서 행해진다는 점에서 대립적 관계가 아니다. 또 인간들이 남의 죄나 악한 행동 때문에 고통 받는 경우도 더러 있으며, 예수님은 전혀 죄가 없는데도 십자가에서 엄청난 고통을 겪어야 하지 않았던가? 고통과 고난은 벌이라기보다는 '연단이나 개선을 위한 매'라는 기독교의 입장은 나를 매료케 하는 부분이다. 신앙 차원에서 이론적으로 이렇게 설명이 가능하지만 욥기의 경우는 이보다도 한 차원 높은 곳에 있다.

영문학자이자 신앙인인 C. S. 루이스는 고통의 문제에 관해 많은 고민을 했던 것으로 보인다. 그는 고통도 일종의 질서로 이해한다. 불변하는 법칙과 인과적 필연성, 자연 질서 같은 것은 삶을 제한하기도 하지만 그것 때문에 오히려 삶이 유지되고 가능하게 된다는 지적은 흥미롭다. 하나님에게 기적이란 언제나 가능하지만, 세상의 질서를 깨뜨리는 일을 다반사로 한다면 우리의 삶은 곧 혼돈에 빠지게 될지도 모른다. 하지만 어느 순간 삶을 유지하게 하기 위해 겪어야 하는 고통이라면 우리가 감내할 수밖에 없다는 그의 말은 크게 공감이 간다.

우리는 때로 고통 받는 것보다 죽는 것이 낫다고 생각할 때가 있다. 하지만 아우구스티누스는 존재한다는 그 자체가 선이라고 분명히 못 박았다. 욥이 고통을 통해 정금같이 단련되고, 듣기만 하던 하나님을 이제 눈으로 보고 감사하고 있음에 주목해야겠다.

그러나 크게 보면 고통은 설명의 문제가 아니라 순종의 과제인 듯하다. 욥은 하나님에게 변론하고자 했으나 막상 그 앞에서는 입을 다물었다. 욥의 고통에 대해 나 자신도 충분히 이해했거나 다 수긍했다고 보기는 어렵고 모르는 부분이 많다. 하지만 세상이 인간의 지혜나 원리, 구조에 의해서 움직인다면 얼마나 불안정할 것인가? 하나님의 섭리에 대해 다 알 수는 없지만 그것에 따라 움직인다는 것이 얼마나 마음 놓이고 다행스러운가.

삶에는 부조리와 역설과 고통이 있지만 이를 인간의 편에서만 설명할 수 있는 것 같지 않다. 신의 관점에서 바라볼 때 차라리 이해의 실마리가 열릴 것 같다.

욥이 받은 가장 큰 복은 잃어버렸던 재산이나 건강, 가족, 친지 들을 다시 얻은 것에 머무르지 않는다. "하나님을 더 잘 알게 되고 그분이 하시는 일을 더 깊이 이해하게 된 것"(『욥기강해』)이라는 말은 두고두고 되새겨 봄 직하다. 또 지금 당하고 있는 고통이 아무리 크더라도 예수님이 십자가에서 당한 고난에는 아직 미치지 못했다고 생각하면 우리에게 큰 위로와 힘이 되지 않을까?

다윗의 인생 역정
내 영혼아, 깨어나
여호와께 의지하라

루벤스 「하프를 켜는 다윗 왕」

유학 생활이란 누구에게나 힘겨운 시간으로 가득 차게 마련이다. 해야 할 공부는 태산같이 쌓이는 반면, 미래는 불확실함으로 마치 안개 낀 바다 같기 때문이다. 1970년대 초로 기억한다. 아직도 아침 바람이 싸늘한 어느 주일 날, 방황하는 듯한 나의 발걸음이 멈춘 곳이 대학가 주변 어느 교회였다. 그때 마침 미국인 목사님이 시편 23편 "여호와는 나의 목자시니 내가 부족함이 없으리로다"라는 성구를 호소하듯 설교하고 계셨다. 그때 이 말씀이 날아오는 화살이 되어 내 가슴에 꽂히는 듯한 느낌을 받았다. 이것이 다윗의 시라는 것을 나중에 알게 되었고 그의 시인으로서의 면모에 새삼 놀랐다.

솔직히 구약을 읽을 때면 잔혹한 살상과 두려운 예언 등으로 마음이 어두워질 때가 있다. 하지만 시편을 읽노라면 내면 깊숙한 곳에서 솟아오르는 희열을 느낀다. 구약의 우울한 분위기를 말끔히 씻어내듯이 말이다.

파란만장한 다윗의 생애

다윗은 내게 신앙 생활의 표본이다. 그의 파란만장한 생애는 크게 세 시기로 나눌 수 있다. 첫 번째 시기는 그가 평범한 시골의 한 양치기에서 골리앗과 싸워 승리해 일약 국민적 영웅이 되기까지다.(삼상 16:11~13, 삼상 17장) 두 번째는 끝내 사울에게 왕위의 경쟁자로 낙인찍혀 그의 추적과 핍박을 피해 다니는 위기일발의 도망자 신세가 되었던 시기다.(삼상 18~31장) 세 번째 시기로는 다윗이 유대 왕이 되고 이어서 통일 이스라엘을 이루어 그의 영광이 절정에 이르렀던 때다. 하지만 자신의 죄 지음과 혈육의 반역 그리고 전염병 등의 재난으

로 괴로움 또한 컸던 시절이었다.(삼하 21~24장)

목동 시절의 다윗은 하나님의 음성을 들으려고 자기를 비웠던 맑은 영혼의 소유자였음이 분명하다. 술과 담배, 선정적인 정보와 소음에 시달리는 오늘의 도시인과 비교해보면 선명하게 대비된다. 그는 미켈란젤로의 대리석 조각상처럼 군살 없이 매끈하고 탄력 있는 신체와 향기롭기까지 한 빛나는 정신의 소유자였을 것이다. 상상컨대 뛰는 사슴과 힘찬 준마를 방불케 했으리라.

믿음으로 견딘 세월

침묵이 가장 깊은 교감의 순간이 될 수 있듯이 가장 위대한 기도는 하나님의 목소리를 듣는 일이다. 다윗은 빛나는 별빛 아래 드넓은 초원의 정적 속에서 하나님의 목소리를 자주 들었을 것이다. 그는 하나님께서 목자가 양을 인도하듯이 선한 길로 인도하심을 확신하고 있었다. 일촉즉발의 쫓김 중에 사울 왕을 죽일 기회가 두 번이나 있었음에도 결행하지 않았던 것은 자기보다

「다비드 상」
미켈란젤로, 1504년, 피렌체 아카데미아 미술관

하나님의 뜻을 따르고자 했기 때문이다. 주변에 적들의 무리가 메뚜기 떼처럼 많아도 군대나 국가의 힘을 빌리기보다 근본적으로 늘 하나님의 도우심을 받아야 한다는 것을 그는 누구보다 잘 알고 있었다.

"많은 군대로 구원 얻은 왕이 없으며 용사가 힘이 커도 스스로 구하지 못하는도다"(시 33:16)

다윗은 큰 슬픔과 좌절을 겪었지만, 오히려 그곳에서 분명한 소망과 희열을 찾는 자기 확신의 인물이었다.

"진노는 잠깐이요 은총은 영원하니 저녁에는 눈물을 흘려도 아침이면 기쁨이 넘치리라 (……) 주께서 나의 슬픔을 변하여 춤이 되게 하시며 나의 베옷을 벗기고 기쁨으로 띠 띠우셨나이다"(시 30:5, 11)

다윗 왕은 그 많은 부와 권력을 누렸지만 자신의 한계를 절감했다. 그의 위대함은 완전함에 있지 않고 부족함을 아는 데 있었다. 다윗은 인생이 한 오라기 그림자일 뿐이라고 했다. 그뿐만 아니라 권세의 정상에 있으면서도 하나님 앞에서는 낮은 자나 높은 자나 평등해질 수 있다는 것을 꿰뚫어볼 수 있었던 사람이다.

"진실로 천한 자도 헛되고 높은 자도 거짓되니 저울에 달면 들려 입김보다 가벼우리로다"(시 62:9)

자신을 늘 단련하던 다윗도 순식간에 죄악의 늪에 빠져들었음을 우리는 안다. 자신의 용맹한 부하 우리아의 아내 밧세바를 범한 일이다. 그로 인한 다윗의 고통과 회한은 실로 혹독한 것이었다.

"내 죄악이 내 머리에까지 미치니 이 무거운 짐을 내가 더는 견딜 수 없나이다. 내 상처가 썩어 악취가 나오니 나의 우매한 까닭이로소이다"(시 38:4~5)

이제 다윗은 지금까지 자신이 해온 선한 행위로 하나님께 구하지 않고, 오직 하나님의 자비와 은혜를 통해서만이 구원에 이를 수 있음을 다시 깨달았다. 이런 믿음이 노년에 겪은 아들 압살롬의 반역, 혈육 간의 살상, 믿었던 부하들의 배신 등

✛

「다윗과 요나단」 렘브란트, 1642년, 상트페테르부르크 예르미타시 미술관

「하프를 켜는 다윗 왕」 루벤스, 1616년, 프랑크푸르트 슈테델 미술관

수많은 아픔을 견디는 힘이었을 것이다. 모든 것을 이룬 듯하지만 아무것도 이루었다 할 수 없음을 그는 누구보다 잘 알고 있었다.

다윗, 노년의 아름다움

일흔 노년에 이른 다윗의 초탈의 삶을 그린 것이 루벤스Peter Paul Rubens, 1577-1640의 「하프를 켜는 다윗 왕」이다. 보통 다윗 왕을 주제로 한 그림은 젊은 다윗의 승리를 다룬 것 많다. 하지만 프랑크푸르트 슈테델 미술관에서 만난 이 그림은 또 다른 아름다움을 풍긴다. 주님 앞에 경건하게 홀로 서서 마음을 다해 기도와 찬양을 드리는 모습은 전체적으로 넉넉한 평화로움을 느끼게 한다. 다윗의 머리와 수염은 하얗게 세었지만 여전히 품위가 있고 손가락은 아직도 섬세하다.

음악은 영혼의 소리를 내며 하나님을 찬양하는 최상의 도구가 아닌가 싶다. 루이 14세조차도 "음악에는 세상 만물을 조화롭게 움직이게 하는 힘이 있다"라고 하지 않았던가. 나 또한 우리 음악 중에 가야금 산조를 즐겨 듣는다. 마치 인생의 역정이 그곳에 담겨 있는 듯하기 때문이다. 끊고 맺고 뛰고 풀고 하다가, 호수처럼 조용하고 폭풍처럼 휘몰아치더니 기차처럼 질주한다. 굴곡과 기복, 언덕과 들판, 산과 바람, 별빛과 눈물이 담긴 몸부림이다. 그래서인지 깊은 좌절과 체념의 순간에도 산조를 듣노라면 음악의 힘으로 되살아남을 느낀다.

이러한 순간을 포착해 그린 말년의 루벤스 또한 다윗의 삶과 유사한 점이 있다. 그는 당대 유럽 최고의 화가이자 6개 국어를 구사하는 지성으로 외교 무대에까지 뛰어들어 귀족이나 다름없는 삶을 살았다. 하지만 루벤스는 화려한 외모와 뛰어난 감성 그리고 천의무봉의 그림 솜씨를 갖추었는데도 그 자신은 때로 깊은 콤플렉스에 시달려야 했다. 그의 초기 작품에는 이탈리아 화풍을 떨쳐버리지 못하는 약점이 있었다. 정치적으로 네덜란드 독립을 지지했던 독립파와는 달리 루벤스는 스페인 왕조의 노선을 따랐고, 끝내 가톨릭 국가인 벨기에에 남아 종교개혁파와는 길을 달리했다.

루벤스는 명성을 얻게 되면서 인기가 높아지자 쇄도하는 주문을 홀로 감당하기 어려워 제자들과 공방을 차려 공동 작업을 했다. 그 때문에 작품의 개별성이나 독창성에 대한 논란은 피할 수 없었다. 이 「하프를 켜는 다윗 왕」을 그 혼자만의 작품이라기보다 플랑드르 화가 부크호르스트Boeckhorst, 1604~68와의 공동 작업으로 보는 것도 그런 맥락에서다.

루벤스 또한 온갖 명성과 성취 뒤에 숨은 헛된 그림자를 알게 되면서 다윗에게 더 깊은 애정을 느꼈을 것이다. 그래서 하나님 앞에 경건하게 하프를 타며 무릎 꿇은 위대한 믿음의 제왕 다윗을 통해 자기의 여호와에 대한 찬양과 고백을 드러내는 듯하다. 하프는 악기 중에서 그 기원이 가장 오래된 것으로 B. C. 3,000년경에 메소포타미아와 이집트에 등장한 역사가 긴 악기이기에, 이 노구의 다윗에게 가장 어울리는 악기가 아닐까 싶다.

{ 다윗의 신앙 }

내 영혼은 내 것이 아니라 하나님이 주신 것으로 늘 깨어 가꿀 일이다. 헛된 생각을 버리면 마음이 가볍고 평안하다. 인생은 아무리 화려하게 포장해도 결국 한줌의 흙으로 돌아간다는 것을 부인하기 어렵다.

하나님은 만물의 마지막이라도 결코 소홀히 하지 않을 만큼 배려가 깊다. 넘어가는 붉은 태양, 불타듯 타오르는 가을 산의 낙엽이 그 쇠잔함으로 더욱 찬란하듯 노년의 인생에도 그 시기만의 아름다움이 있다. 육신은 쇠하더라도 영혼은 날로 새로워짐을 루벤스는 이 그림을 통해 보여주고 싶어하지 않았을까.

마리아의 잉태
네가 아들을 낳으리니

✦

시모네 마르티니 「수태고지」

예수님이 이 세상에 오신 경위는 누가복음(1:26~35)에 간명하고도 사실적인 문체로 설명되어 있다. 하나님이 사람의 아들로 이 세상에 어떻게 오느냐의 문제는 신약 시대의 정당성과 밀접히 관계된 중대한 사건이다. 무엇보다 아담 이후 갖게 된 죄를 대속해야 하는 구속救贖사적 측면에서 이는 인류 역사를 두 시대로 나누는 최고의 정점이다. 사람의 모습과 인성을 갖고 태어나서 인간들과 지상의 역사를 함께 나누는 일은 하나님 나라와 사람의 나라를 연결하는 다리를 만드는 일이다. 그러기에 이 일은 예수님이 십자가에 못 박히고 이후 부활하게 되는 단초가 되는 것이다.

그래서인지 '수태고지受胎告知, 임신 사실을 알림' 소재는 교회와 화가 들의 뜨거운 관심을 받아왔고, 이와 관련된 세계적인 명성을 지닌 작품 수만 해도 120여 점에 이른다. 물론 시대와 상황에 따라 그림에 등장하는 천사들의 수나 배경, 몸짓, 의상들도 다양한 변화를 보여왔다. 그중에 내 마음을 사로잡아온 것이 시모네 마르티니Simone Martini, 1284-1344와 리포 멤미Lippo Memmy, ?-1347?가 함께 그린 「수태고지」이다. 두 사람의 공동 작업이라고 하지만 회화 쪽은 대부분 마르티니의 작업으로 추측되고 있다.

"네가 수태하여 아들을 낳으리니"

예수님의 수태 사건을 알리는 기록자 누가의 서술 방식은 치밀하다. 우선 나이 든 엘리사벳이 임신할 수 있음을 예시하고, 곧이어 마리아가 수태했음을 알리는 방식을 선택하고 있다. 사건의 연속성을 위해서인지

「수태고지」 시모네 마르티니와 리포 멤미, 1333년, 피렌체 우피치 미술관

메시지를 가지고 온 이는 앞서와 같은 가브리엘 천사다.

이 두 사건의 차이가 있다면 앞의 경우는 성소에서 공개적으로 이루어진 반면, 예수님의 수태 소식은 아주 은밀하게 고지되었다는 점이다. 이 역사적 통보는 유대 땅 작은 마을 나사렛에서 이루어지는데, 약혼 중이라 자중하고 있던(신 22:13~21) 처녀 마리아에게 통보된다.

천사는 마리아에게 직설적으로 말한다. "하나님의 은혜가 너와 함께 했으므로 수태하여 아들을 낳으리니 그 이름을 예수라 하라"(눅 1:30~31)라는 명령에 가까운 전언이다. 조용히 앉아 있던 마리아는 두 번 크게 놀랐으리라. 우선 천사가 자기 앞에 갑작스럽게 나타난 것도 그렇지만 자신이 하나님의 아들을 잉태했다는 사실은 경악하고도 남을 일이었다. 마리아가 "내가 사내를 알지 못하는데 어떻게 임신할 수 있느냐?"라고 항의하는 것은 당연하다. 그러나 이 일의 결론은 이렇다.

"대저 하나님의 모든 말씀은 능치 못하심이 없느니라 마리아가 가로되 주의 계집 종이오니 말씀대로 내게 이루어지이다 하매 천사가 떠나가니라"(눅 1:37~38)

그 까닭이나 이유를 잘 모르고 이성만으로는 설명이 안 되지만, 그녀는 자신을 전적으로 하나님께 의탁한다. 이적이나 기적이 자연 질서 밖에 있는 것이긴 하지만, 하나님의 인도와 계시에 따라 사람들이 실제로 체험하고 있는 것 또한 부인하기 어렵다. 이러한 기적을 통해 예수님이 이 세상에 온 목적은 분명하다. 당신의 백성을 죄에서 구원하기 위해서다.(마 1:21)

「수태고지」 부분

성스러운 경건과 예술적 감성의 교차

　　　　　이 그림에서 나를 사로잡는 것은 마리아가 놀라
는 모습이다. S자 형으로 앉은 마리아의 표정은 삽시간에 당황한 듯 보인다. 얼굴
은 긴장으로 상기되어 있고, 입술은 뽀로통하게 튀어나올 정도이며, 손은 어느덧
목에 가 있다. 오뚝하게 솟아오른 코와 갸름한 얼굴, 흐르는 듯한 목선과 곱고 섬
세한 손목은 차라리 육감적이기까지 하다. 이 같은 극적인 긴장에 못지않게 온몸
을 따라 흐르는 옷의 곡선이 우아함과 서정성을 드러내고 있다.

　화가는 이런 몸짓과 표정을 통하여 마리아의 심리적 흐름을 되살려내고 있다.
중세 동안 상징적 의미에 충실하느라 거의 메말라버렸던 예술적 감흥이 르네상스

기에 들어서면서 되살아나는 증거다. 거기에다 보드라운 질감의 어두운 녹색 옷과 뒷배경의 황금색이 대비되어 주인공답게 화면을 압도하며 긴장을 일으킨다. 성스러운 경건과 예술적 감성이 교차되는 순간이다. "인물화야말로 종교적 감정을 가장 적절히 표현할 수 있는 장르"라는 화가 마티스의 말이 떠오르는 대목이다.

마리아 앞에 갓 내려앉은 천사 가브리엘은 그 크고 당당한 두 날개를 아직 접지 않았으며, 체크무늬 망토는 바람에 휘날리고 있다. 품격 있는 자세로 무릎 꿇은 천사의 손가락은 화면 중앙 위쪽에 있는 성령의 상징인 비둘기를 가리키고 있다. 이것으로 마리아가 성령으로 잉태했음을 암시한다. 그의 입에서부터 마리아의 귀까지 마치 무지개다리처럼 문자가 연결되어 있는데, 여기에는 "은총을 드높이 받은

「수태고지」
프라 안젤리코,
1433년,
코르토나
디오체사노 박물관

이여, 주께서 너와 함께하시니Ave Maria, gratia plena, dominus tecum"라고 새겨져 있다.

가브리엘의 손에는 평화의 상징인 올리브 나뭇가지가 들려 있고, 마리아와 천사 사이에는 처녀성의 상징인 백합화가 바닥에 꽂혀 있다. 『웬디 수녀의 유럽 미술 산책』의 지은이 웬디 수녀는 한 글에서 가브리엘 천사의 아름다운 날개를 각별히 찬양하고 있다. 또 어떤 이는 마리아가 뒤로 물러서는 자세가 화면 중앙에 공간감을 더해 엄숙하고 정지된 순간을 더 생생하게 표현하고 있다고 말한다.

천재 화가 마르티니

화려하고 장식적이면서도 따스한 인간의 체온을 느끼게 하는 이 고딕 후기의 작품은 마르티니의 천재성이 없이는 불가능했을 것이다. 그는 14세기 최전성기를 달리던 시에나 출신답게 이 그림에도 그 도시의 분위기와 르네상스로 들어가는 시대적 분위기를 잘 반영하고 있다.

물론 「수태고지」는 황금색의 장식성뿐 아니라 마리아의 아몬드형 얼굴에서도 비잔틴 이콘화의 전통이 아직도 살아 있음을 보여준다. 당시 비잔틴 전통과 단절한 피렌체와 달리, 시에나 미술은 여전히 비잔틴 미술과 관계를 주고받았다는 이야기이기도 하다. 하지만 비잔틴 이콘화에서는 가브리엘의 위치가 통상 오른쪽에 있는데, 왼쪽으로 옮겨진 것은 서방 측의 전통을 따른 것이다. 또한 이 그림이 화려한 효과를 내는 것은 프레스코화 기법이 아니라 아교나 달걀 노른자를 안료로 녹여 만든 템페라 기법으로 그렸기 때문이기도 하다.

마르티니의 초기 30여 년의 생애는 가려져 있지만 아마도 화가 두초의 제자였고, 이탈리아의 인문주의자 페트라르카와는 가까운 친구였을 것이다. 페트라르카의 애인 라우라의 초상화를 그려주었던 것은 14세기에 활발했던 초상미술의 발전에 그가 일익을 담당하고 있었다는 증거다. 북유럽의 고딕미술에도 영향을 미친 그의 화풍은 랭부르 형제의 그림에도 잘 드러나 있다.

✛
마리아의 잉태

{ 완전함에 대한 믿음 }

어느 모임에서 옆에 앉은 알 만한 의학자에게 인간의 창조를 어떻게 생각하느냐고 물은 적이 있다. 그의 대답은 "딜레마"라는 것이었다. 그러나 이 정교한 인간의 신체가 진화만으로 이루어졌다고 보기 어렵다는 것이다. 나의 친구이자 미국의 자마JAMA운동(세계에 퍼져 있는 한인 기독교인들이 신앙을 단련하고 네트워킹 하는 운동. 세계를 영적·도덕적으로 살리기 위한 회개와 기도를 목표로 한다)을 이끌고 있는 김춘근 박사는 "하나님 말씀인데 어떻게 믿지 않겠느냐?"라고 했다.

성경을 읽을 때 과학적으로 이해가 가지 않은 사건으로는 천지창조, 성령 잉태, 부활 등을 들 수 있다. 하지만 피조물의 정교함, 통일성, 질서, 신비에 가까운 오묘함, 깊디깊은 아름다움 등을 보면 이성과 과학을 넘어선 어떤 세계를 인정하지 않을 수 없다. 우리는 불완전하므로 완전함이 있을 것이라는 생각을 떨칠 수 없다.

풋내기 치과 의사인 아들과 나눈 짧은 대화는 내게 여러 생각을 하게 했다. 어린 유아의 치아 수가 20개인데, 6~12세 사이에 모두 갈고 32개의 치아를 나게 하는 하나님의 치밀한 배려에 감사한다는 말이었다. 본디 치아 수명은 썩거나 뽑지 않으면 인간의 수명보다 긴데, 인간 사회가 문명화되어 설탕 같은 가공된 음식을 먹으면서 충치와 잇몸병이 생겼다고 한다. 개도 원래는 충치가 없는데 인간이 준 가공 음식을 먹으면서부터 병이 생겼다는 것이다.

하나님이 행하신 인간의 창조는 인간복제와 같은 도전을 엄숙히 경고한다. 인간복제를 통해 일정 부분 병을 치료한다지만 인간이 부품을 갈아 끼우며 200년 또는 300년을 산다면 그 어두움의 행렬을 어떻게 감당할 것인가.

우리 앞에는 난제들, 설명이 되지 않는 상황이 부지기수다. 그러면 이들을 모두 안 다음에 믿을 것인가. 하지만 믿는 데서 생기는 문제보다도 믿지 않은 데서 해결되지 않는 일들이 더욱 많다는 것이, 내가 이해하는 세상이다. 더 솔직하게 말한다면 모르니까 믿는다.

세례 요한의 정신
소명을 아는 삶은 아름답다

레오나르도 다 빈치 「세례 요한」

산속을 걷는 즐거움은 걸어본 사람만이 안다. 언젠가부터 나는 사막을 밤새도록 걸어보았으면 하는 엉뚱한 갈망을 품게 되었다. 몇 년 전 캘리포니아 주에서 애리조나 사막 벌판을 지나 그랜드캐니언을 거쳐 뉴멕시코의 라스베이거스까지 여행한 적이 있었다. 그때 나는 30센티미터도 안 되는 작달막한 가시나무가 끝없이 널려 있는 빛나는 모래로 가득한 사막을 며칠간 달리게 되었다. 어떤 이는 지루해하기도 했지만 나는 그 단조로움과 조용한 적막감, 무언가 들려올 것 같은 무음의 소리가 느껴져서 시간을 잊을 때가 많았다. 밤의 정적이 깃든 사막은 모든 것을 받아들이고 닫힌 마음을 우주 속에 열게 하는 무한공간이었다.

예수님은 세례를 받은 후 광야에서 40일을 금식했고, 바울은 다메섹으로 가는 길에 주님을 만난 후 아라비아 사막에서 3년을 보냈다. 세례 요한이 하나님의 목소리를 들을 수 있었던 광야(우리 성경에는 '광야' 또는 '빈 들'이라 번역되어 있지만, 영어판 성경에서는 오히려 사막, 황무지란 말에 더 가까운 'desert'란 단어를 쓴다) 또한 내가 느낀 분위기와 무관하지 않을 것 같다.

광야에서 외치는 소리

유대 광야에서 시대의 징조를 선포하는 세례 요한의 목소리는 강렬하고 매우 선언적이며 확신에 차 있다. 하늘과 땅을 흔드는 느낌마저 준다.

"회개하라 천국이 가까웠느니라"(마 3:3)

이런 요한의 선언은 이사야서(40:3)에서 그 정통성을 얻고 있다. 광야에 외치는 자가 있어, 그가 주가 오는 길을 예비할 것이고, 주가 가는 길을 평탄케 한다. 그가 바로 세례 요한이다. 그는 아버지의 사제직을 받을 수 있는데도 그 기득권을 버리고 세상의 속된 삶을 일찍이 등졌다. 시정에서 입던 옷도 벗어던진 채, 낙타털만 걸치고, 음식도 기름지고 잘 요리된 것은 먹지 않았다. 요한은 들판의 메뚜기와 석청을 먹고사는 무공해 금욕의 인간이었다.

요한이 하는 설교, 차라리 질책에 가까웠던 그의 선언들은 어둡고 침체된 그 사회에 신선했고, 한편으론 충격을 던졌다. 그의 말을 들은 예루살렘과 온 유대와 요단강 지역 사람들이 죄를 자복하고 세례를 받으려고 쏟아져 나왔다. 그들 중에는 세리와 창녀와 병자와 가난한 자들도 있었다.

요한의 질타는 분노로 이어졌다. 당시로서는 보수파이자 율법적으로 잘 믿는다고 자부심을 갖고 있던 사두개인과 바리새파를 '독사의 자식들'이라고 맹공했다. 그들이 아브라함의 자손이라는 정통성에만 안주하고 도대체 뉘우치지 않으니 하나님의 진노가 그들에게 내리리라는 것이었다. 너희 같은 인간들은 찍어 불 섶에 던지기 위해 이미 도끼가 나무뿌리에 놓였다는 급박한 경고까지도 서슴지 않았다. 그의 메시지는 한마디로 회개하라는 것이요, 그가 요구하는 의식은 세례였다.

세상에서 제일 좋은 삶은 죄를 짓지 않고 살 수 있는 삶이다. 그렇지만 죄를 짓지 않고 살 사람은 아무도 없다. 결국 회개를 통해서만이 다시 태어날 수 있다. 요한은 죄 사함을 받는 통로가 회개요 세례임을 가르치고 있다.

사실 요한이 베푸는 세례는 그때까지 전례가 없는 것이었다. 물론 전에도 신전에서 몸을 깨끗이 하는 일은 있었고, 유대교로 개종한 비유대인들이 부분적으로 행하긴 했다. 그렇다 하더라도 흐르는 강에 온몸을 담근 채 한 적은 없었고 다가올 종말적 분위기에서 행하는 것은 생각지도 못했다. 그러나 할례 같은 제한적 행사가 아닌 세례는 이제 남녀 모두 참여할 수 있었고 성별과 인종, 계층을 넘어서는 의식이 되었다. 요한은 죄를 용서하는 전제 조건으로 회개를 요구했으며, 세례는 이를 확인하는 의식이라는 의미에서 앞서의 행사들과 달랐다. 이런 세례가 그에게서 비롯했기 때문에 요한을 '세례 요한'이라 부른다.

확고한 소명 위에 선 세례 요한

그러나 그는 자기가 이 일의 주인공이 아님을 처음부터 분명히 했다. 자신의 역할이 그리스도의 길을 열기 위한 준비에 있음을 잘 알고 있었다. 앞으로 오실 이는 자기보다 훨씬 중요하고 크고 더 능력이 많은 분이기 때문에 자신은 굽혀 예수님의 들메끈을 풀기도 감당할 주제가 못 된다고 말했다. 자신은 지금 세례를 물로 주지만 앞으로 오실 이는 성령으로 세례를 주실 분이라고도 했다. 마치 예수와 자신의 위상을 다시 정리라도 하려는 듯 스스로 그리스도임을 부인하고 따르던 제자조차 예수님께로 돌아가도록 했다. 요컨대 자신은 빛이 아니라 빛을 증거하러 온 것에 불과하다는 것이었다. 더욱 중요한 것은 요한이 그에게 다가오는 예수님을 보고 '세상 죄를 지고 가는 하나님의 어린양'(요 1:29)이라고 드러내놓고 말하고 있다는 점이다. 이는 예수가 바로 이사야서에서 밝히고 있는 그리스도라는 이야기다. 이는 세례 받는 과정에서도 확연히 드러나는데 예수님이 요한에게 세례를 받으러 갔을 때 그는 오히려 자신이 세례를 받아야 한다고 세

「예수의 세례」 귀도 레니, 1622년, 빈 미술사 박물관

례 주기를 사양했다. 이 때문에 예수님이 강권하다시피 하여 요한에게 세례를 베풀게 했던 것이다.

요한이 처신을 잘못하면, 제자들 간의 보이지 않는 갈등이 있을 수 있는 상황이었다. 요한 자신도 한때 흔들린 적이 있었지만 그는 자신의 소명을 투철한 역사의식으로 읽고 이를 거듭 밝혔다.

"그는 흥하여야 하겠고 나는 쇠하여야 하리라" (요 3:30)

예수님과 요한의 숙명적 관계

세례 요한은 마지막 예언자이자 최초의 순교자였다. 그가 세상에 태어난 경위가 매우 신적인 것이었다면 그의 죽음은 인간적 허영과 죄악 가득한 세상의 맹목성에 따른 희생이었다.

그가 태어난 경위에 대해 누가(눅 1:3~)는 비교적 세밀하게 기록하고 있다. 유대왕 헤롯 때에 사제, 즉 제사장 신분의 스가랴와 그의 아내 엘리사벳이 살고 있었다. 그들은 흠이 없고 모든 계명과 율례를 잘 지키는 의로운 사람들이었으나, 슬하에 아이가 없었다. 이제 그들의 나이가 연로해 잉태를 기대할 수조차 없었다. 그러나 스가랴가 제사장직을 수행하는 중에 가브리엘 천사가 나타나 그의 아내에게 아들을 낳게 해주겠다는 하나님의 계획을 전해준다. 스가랴는 그 이름을 요한이라 하라는 말을 듣고, 벙어리가 되어 이 기밀을 누설하지 못한다.

이 이야기는 스가랴가 벙어리가 된 것만 제외한다면 아브라함과 이삭의 이야기

「예수의 세례」 피에로 델라 프란체스카, 1450년경, 런던 내셔널 갤러리

✝

명화로 만나는 성경

와 맥락이 유사하다. 복음기록자 누가는 엘리사벳이 아들을 갖게 된 경위를 설명하면서 이 일이 예수님 잉태의 전조임을 숨기려 하지 않았다. 엘리사벳이 요한을 잉태한 지 6개월째 되는 달에, 같은 천사 가브리엘이 마리아에게 나타나 성령으로 잉태하리라는 것과 아들을 낳을 때 그 이름을 예수라 하라고 통보한다. 그리고 이를 다시 확증이라도 하듯 엘리사벳이 수태가 불가능한 나이였지만 이미 아들을 임신해 6개월이나 되었다는 소식까지 전한다.

예수님과 요한의 숙명적인 관계는 잉태라는 유사한 섭리적 사연만으로 끝나지 않는다. 마리아는 산속 한 마을에 살고 있는 엘리사벳의 집에 방문해 요한이 엘리사벳의 배 속에 뛰고 있음을 사실로 알게 된다.(눅 1:42) 이후 마리아는 그곳에서 3개월이나 함께 머물렀으니 그들은 이미 어머니 배 속에 있을 때 함께 지낸 셈이다. 마리아와 엘리사벳은 이미 이종사촌간이었으므로 예수와 요한은 6촌 제종간이 된다. 일반적으로 요한의 선지자적 이미지 때문에 예수와 요한의 나이 차이가 클 것 같지만 사실 그들은 6개월 차이의 동년배인 것이다.

요한은 자라면서 심령이 강한 의로운 사람이 되어갔다. 성년이 되면서 아버지가 물려준 모든 기득권을 포기하고 빈 들로 나갔다. 다시 이스라엘에 돌아올 때까지 하나님의 음성을 들으며 빈 들에서 영적인 지도자로 성장했다. 요한은 결코 세상의 불의와는 타협하지 않는 강직한 인물이 되었다.

요한의 죽음, 인간의 잔혹함

요한의 참혹한 죽음은 사람의 죄성이 어떻게 한

「세례 요한의 참수」 카라바조, 1608년, 몰타 성 요한 성당

「세례 요한의 목을 들고 있는 살로메」 베르나르디노 루이니, 1520년, 파리 루브르 박물관

인간을 파괴하는가를 극명하게 보여주는 가슴 아픈 사례다. 당시 분봉왕分封王 헤롯은 동생의 아내 헤로디아를 아내로 취하는 부당한 일을 저질렀다. 요한이 이 결혼을 비난하자 이를 분히 여긴 헤로디아는 헤롯을 자극해 요한을 감옥에 가두게 했다. 자신의 지위에 요한이 해가 된다고 여긴 헤로디아는 어떻게든 헤롯을 통해 요한을 죽이고자 했다. 인간은 악한 마음을 품으면 때론 극악함을 즐기는 듯하다.

그러나 헤롯은 요한이 의롭고 거룩한 사람이라는 것을 알았고 요한을 지지하던 민중의 봉기가 두려워 차마 죽이지는 못했다. 하지만 결국 그의 작은 실수는 큰일로 이어지고야 말았다. 정말로 큰 위기는 작은 것에서부터 시작되는지도 모르겠다.

헤롯이 그의 생일에 대신과 천부장 들을 불러 큰 잔치를 베풀 때의 일이다. 헤로디아의 딸 살로메가 춤을 추어 만당을 기쁘게 했으므로 헤롯은 사랑하는 마음에 엉겁결에 무엇이나 원하는 것이 있으면 들어주겠다고 살로메에게 헤픈 약속을 하고야 말았다. 나라의 절반까지라도 주겠다고 맹세했으니 말이다. 이에 살로메는 어미의 명에 따라 요한을 죽여 그의 머리를 소반에 담아주길 요청했다. 헤롯은 두려운 중에도 옥에 갇힌 요한의 목을 결국 베게 했다. 살로메가 요한의 목을 청한 것은 요한이 살로메의 사랑을 거절했기 때문이라는 일설도 있다.

인간들은 때로 가장 잔인한 일을 아무렇지도 않은 듯 행하고도 곧 잊어버린다. 또 남의 가슴에 칼을 꽂는 상처를 주고도 아무런 일이 없었던 듯 자기 일만 하기도 한다. 우리 사회의 무관심은 이제 잔혹함마저 띠는 듯하다.

레오나르도 다 빈치, 천재의 고독

레오나르도 다 빈치Leonardo da Vinci, 1452-1519를 생각하면 어쩐지 천재의 고독 같은 것이 떠올라 가슴이 저리도록 아파올 때가 있다. 어디에도 안주할 수 없는 영혼을 다스리는 일이 그에게 얼마나 힘든 일이었겠는가. 그에 대한 여러 사념들이 내 머리를 혼란스럽게 스쳐 지나가는 것은 레오나르도의 삶에 보이는 갈등 때문이기도 하다. 위대한 화가이자 조각가이며 저술가이면서도 성벽을 쌓고 포탄·석궁 등 살인적 무기를 창안해내는 데 기쁨을 느꼈을까? 그것도 자기 조국 피렌체와는 적대 관계에 있는 밀라노 진영에서 봉사할 때의 경우를 상정하면 더욱 궁금해진다.

아르노 강의 흐르는 물과 혼돈처럼 휘몰아 도는 「대홍수」를 그렸던 것은 예술적인 영감 때문이었을까? 수로 계획과 군사적 이용을 의도했더라도 실용적 이유에서만은 아니었을 것이다. 그의 삶의 행적에서 예술가와 실용적 기술자 사이에서 방황하는 모습을 상상한다면 이는 르네상스인에 대한 지나친 폄하일지 모르겠다. 레오나르도는 화가로서 당대에 이미 최고봉의 명성을 누렸으나 개인적인 삶은 그에 걸맞은 존경을 받은 것도 행복한 것도 아니었다. 그가 사생아였다는 사실이 신분사회에서 늘 짙은 그림자처럼 따라다녔을 수도 있다. 레오나르도는 이미 베로키오 도제 시절에 완벽한 화가로 능력을 인정받았지만 그가 이루고자 하는 것은 저 멀리 더 높은 곳에 있었다. 아니, 레오나르도가 무엇을 그리든 그에게는 아직 미흡한 것이었기에 대부분의 작품은 미완성으로 남았다.

그가 살았던 시기는 말 그대로 격변의 시절이었다. 루터는 그가 사망하기 2년 전(1517)에 비텐베르크 대학 문에 95개 항의 반박문을 게시했다. 레오나르도보다 한 살 위인 콜럼버스는 1492년 신대륙을 발견하고 1506년에 세상을 떠났다. 레오나르도는 그 무렵 「모나리자」 작업을 막 마무리 짓고 있었는데, 콜럼버스보다 13년을 더 살다가 이국땅 프랑스 클로뤼세에서 세상을 떠났다. 그가 평생 남긴 재산이라고는 원고 묶음과 스케치 그리고 그림 몇 점이 들어 있는 허름한 나무 궤짝이 전부였다고 한다. 무한의 깊이, 천재에게 따라다니던 숙명의 고독……. 그에게 세상의 삶은 여전히 짐스럽지 않았나 싶다.

레오나르도 다 빈치의 「세례 요한」, 정신의 깊이

화가들이 요한을 소재로 그린 그림은 대부분, 살로메의 청으로 처형된 요한의 머리를 살로메가 큰 쟁반 위에 올려 들고 있는 장면이다. 카라바조의 경우는 감옥에서 참형자가 요한의 목을 베는 순간을 다루고 있다. 렘브란트의 경우는 요한이 광야에서 외치거나 시정에서 설교하는 모습을, 페루지노는 세례 주는 장면을 예수님과 함께 그렸다.

어느 경우이든 그림에 등장하는 요한은 여위고 거칠어 보이고 사막에서 산 사람답게 깡말라 있다. 그는 주로 어린 양과 함께 있으며 낙타털을 걸치고 갈대로 만든 십자가를 쥐고 있으며 무언가 질책하는 듯한 표정을 짓고 있다.

몇 년 전 워싱턴 내셔널 갤러리에 갔을 때 도메니코 베네치아노Domenico Veneziano, ?1405~61가 그린 「사막의 세례 요한」을 보았다. 반가웠지만 한편으로는 약간 실망스럽기도 했다. 우선 그림이 가로 세로 모두 30센티미터 내외로 작아 보이는데다 세례 요한이 거친 사막 생활이나 비바람 치는 세월에 시달린 모습이 아니라 매끄럽

「사막의 세례 요한」 도메니코 베네치아노. 1450년. 워싱턴 내셔널 갤러리

고 부드러운 외양을 하고 있었기 때문이다. 그러나 곧이어 그 그림에 대한 내 생각이 바뀌었다. 당시까지 요한에 대해 갖고 있던 인식과 발상에서 완전히 벗어나 있었기 때문이다. 그 그림에서 요한은 이제 산처럼 보이는 사막에서 세상 삶의 옷을 벗고 낙타털을 막 입으려 하는 모습이다.

이보다 60여 년 후에 그린 레오나르도의 「세례 요한」은 훨씬 더 단순하고 착상이 대담하다. 신체가 아름다운 요한이 아무 장식 없이 어두운 화면에 반신을 가득히

「세례 요한」, 레오나르도 다 빈치, 1513~16년, 파리 루브르 박물관

채우고 있다. 제스처라고는 하늘을 가리키는 우아한 손가락질과 무언가 말을 나누고 싶어하는 듯 왼손으로 자신을 가리키고 있는 것이 전부다. 건강하게 흘러내리는 머리채, 그 빨아들이는 듯한 눈매와 눈빛. 우주를 머금은 듯한 미소가 우리를 붙잡는다. 어두움 속에 빛처럼 볼륨감 있게 드러난 황금빛 신체는 암흑 같은 시대에 새롭게 비쳐오는 빛을 비유하는 듯하다. 어두운 세상에, 하늘에서 이 시대를 구원하고 속죄해줄 메시아가 오리라는 것을 그의 기념비 같은 긴 손가락이 하늘을 가리켜 암시하고 있다. 어둠 속에서 드러난 그의 빛나는 살빛은 '자신이 빛의 증언자'이자 '신의 전령'임을 숨기려 하지 않는다.

레오나르도는 행동과 색을 극도로 절제하고 모든 것을 요한의 표정 속에 담았다. 거기에는 사막과 샘물과 침묵과 소리 등 모든 것이 함께 들어 있다. 더구나 그 오른쪽 손가락이 가리키는 선과 나란히 희미하게 십자가를 그려 넣음으로써 그가 이방인이 아니고 세례 요한임을 선명히 했다. 거친 들에서 갓 나온 사막의 사나이가 아니라 부드럽고 신비스럽기까지 한 아름다운 인체로 요한을 묘사한 데서 레오나르도의 또 다른 천재성을 느낄 수 있다. 만 마디 말이 필요하지 않다. 다만 그의 미소와 눈빛이 지닌 의미를 교감하라고 말하고 있을 뿐이다.

이 작품에 대한 여러 의견이 있는 것이 사실이다. 웃음이 이교적이라든지 얼굴이 남녀 양성의 모습을 지녔다든지, 레오나르도가 그리스의 주신을 그린 「바쿠스」와 같은 발상이라는 등의 비판이다. 이교적이라는 지적에 대해서는 당시 시대적 분위기가 고대와 기독교의 화합 노력, 즉 그리스적인 것의 회복을 요체로 하는 르네상스 시대상을 반영하고 있다는 점을 감안해야 한다고 말하고 싶다. 또 어쩌면 레오나르도는 세례 요한을 통해 이상적 인간을 남녀의 완벽한 인물상으로 재현하려는 의

「바쿠스」 레오나르도의 밑그림에 근거해 그 제자들이 완성한 것으로 추정, 1510~15년, 파리 루브르 박물관

도로 양성의 미소를 표현했는지도 모른다.

「바쿠스」 논쟁에 관해서는 「세례 요한」과의 관계에서 분명히 정리되었으면 한다. 「세례 요한」과 구별되어 보이는 「바쿠스」는 레오나르도의 드로잉에 근거해 제자들이 그린 것이 확실해 보인다. 처음 레오나르도가 그렸던 기초 그림은 원래 세례 요한이었는데 그 뒤 제자들이 제작하는 과정에서 바쿠스로 내용이 변했다는 지적이 더 설득력 있다. 「바쿠스」는 머리에 포도넝쿨을 이고 있고 낙타털 옷 대신 표범 가죽을 몸에 걸치며 특유의 막대를 들고 하늘이 아닌 측면을 가리키고 있는 점에서 차이가 보인다. 그리고 누가 보아도 「세례 요한」과 「바쿠스」 사이에는 현저한 차이가 눈에 띈다. 깊이도 느낌도, 그리고 무엇보다 손짓이 크게 다르다.

기독교 문화는 역동성을 바탕으로 때로 이질적인 것이라도 자기화하며 역사 속에 살아남았다. 초기 기독교 미술은 당대 그리스 로마 회화들을 차용하며 발전했다는 데 레오나르도도 유의했는지 모른다. 바다는 넓기에 모든 것을 받아들이고 스스로 정화하며 신선하게 출렁거린다.

{ 인간의 몸에 } 깃든 신성

레오나르도는 인간의 몸에 대해 누구보다도 많은 연구를 했다고 미술사학자 T. 다비트는 말하고 있다. 그 많은 해부도는 말할 것 없고, 그가 그린 '여성의 성기 해부 및 항문의 괄약근 연구' 스케치만 보더라도 레오나르도가 인간 신체에 대해 얼마나 깊이 알고 있었는가를 여실히 보여준다. 그는 뼈와 근육의 생김새나 기능에 대해 속속들이 꿰고 있었고 이에 끊임없이 감탄하고 있었다. 그는 인체를 연구하면 할수록 몸의 생김새나 기능, 그 형태의 완전성과 연결고리의 견고함에 거듭 놀라지 않을 수 없었다. 그는 신에 경탄하고 인간을 창조한 존재가 가장 뛰어난 예술가라고 말할 수밖에 없었다. 하지만 그의 일렁이는 영혼은 눈에 보이는 인체를 보는 것만으로는 만족할 수 없었다. 레오나르도는 인체에 대한 이해를 넘어 영혼의 세계에 이르고자 했다. 물론 그것이 넘을 수 없는 한계임을 누구보다도 잘 알고 있었다.

나도 평소에 인체는 미학적으로나 공학적 측면에서 최고의 완성품이라는 생각을 한다. 어느 기술자가, 어떤 컴퓨터 프로그래머가 그렇게 정확히 형태와 동선, 크기와 기능 더구나 아름다움까지 고려해 이토록 완벽한 인간을 만들 수 있겠는가. 여름에 드러내놓고 다니는 발만 보더라도 발목과 발등, 발바닥의 움직임이 섬세하다. 또 계단을 올라갈 때의 그 역동성을 보라. 감히 인체가 홀로 진화했다고 말하기에는 너무도 완벽하다. 레오나르도가 인체를 연구하면 할수록 신에게 경탄하고 신에게 더 가까이 갔으리라고 생각되는 이유다. 그래서 그는 제자들에게 "빼어난 작가는 무엇보다 사람을 제대로 그려야 한다"라고 가르쳤다. 사람의 몸에 가장 극명하게 신의 손길이 담겨 있다고 본 것이다. 그 때문에 그는 행동을 그리되 그 행동 속에 비치는 영혼의 표정을 그려야 한다고 가르쳤다. 이를 위해 입과 눈의 움직임을 자세히 살펴야 하고 그것도 정면에서 살펴야 한다고 했다. 레오나르도의 다음과 같은 말은 그의 인물화를 이해하는 핵심이 된다.

"그림이란 단순히 과학이 아니다. 그것은 신적인 것이다. 왜냐하면 그것은 화가의 마음을 신의 마음에 가까운 무엇인가로 변화시키기 때문이다."

레오나르도에게 미소는 인간의 감정과 영혼이 함께 드러나는 움직임이었다. 모나리자와 세례 요한의 미소가 그토록 신비와 깊이를 보여주는 이유도 거기에 있다. 그는 그림의 일차적 임무는 감동이라고 했다. 그래서 "진실된 미소는 그 미소를 보는 사람의 얼굴에 똑같은 미소를 떠올리게 한다"라고 말한다.

마귀의 시험
사람이 떡으로만
살 것 아니요

✲

두초 「산 위에서 시험받는 예수 그리스도」

봄의 꽃 세상에 취해 있던 어느 날, 어딘가에서 은은한 찬송가 소리가 들려온다. 낮은 음성이지만 내 영혼을 크게 흔들어놓을 만큼 감동적이다. 아름다움은 때론 잔인함을 동반하는 것인가? 문득 젊은 날의 좌절과 방황이 떠오르는 것은 봄기운의 몽환 때문만은 아닐 것이다. 시련과 유혹은 누구에게도 그리고 그 어떤 순간에도 늘 도사리고 있다. 시련이 더욱 위험스러운 것은 순간적으로 선과 악을 혼돈시키며 다가온다는 점이다. 그리고 인간은 시련 앞에서 늘 자기 합리화를 하기 마련이다.

예수님에게 닥친 세 가지 시험

예수님에게 닥친 시험도 비록 마귀에게 받은 것이지만 그럴듯한 모습으로 진행된다. 더구나 참으로 논리가 그럴듯해 거절하기 어렵게 만든다. 예수님이 시험에 부딪힌 때는 그가 세례를 받은 후 성령 충만함을 받아 40일간을 광야에서 금식하며 보낸 바로 뒤였다. 이제 새롭게 하나님의 과업을 출발시키려는 전환의 시점이었다. 모든 것을 이긴 것 같았으나 또 다른 시련이 그를 기다리고 있었다. 이 과정에서 실패하면 지난날의 모든 성취가 송두리째 무너지는 순간이었다.

마귀의 시험은 세 가지 조건과 제안으로 따랐다. 첫 번째는 돌들을 떡으로 바꾸어 하나님의 아들임을 증명하라는 것이었다.(마 4:3) 두 번째는 성전 꼭대기에서 뛰어내리라고 했다. 그럼에도 다치지 않을 것이니 이는 주의 사자들이 그를 받들어줄 것이라는 그럴듯한 이유에서였다.(마 4:5~6) 이 두 가지 시험들은 예수 그리스도가

「사막에서 시험받는 그리스도」
작자 미상, 15세기,
프랑스 콩데 박물관

하나님의 아들임을 증명하라는 주문이다. 그러나 마귀의 궁극적인 목적은 하나님의 아들임을 부인하게 하는 것이었다. 세 번째 시험은 마귀가 그를 데리고 지극히 높은 곳에 올라가서 천하만국을 보여주면서, 무릎 꿇고 경배하면 그 모든 것을 그에게 주겠다고 유인한 것이다.(마 4:8~9) 누가복음에도 같은 내용이 기술되어 있지만 두 번째와 세 번째 제안 내용의 순서가 바뀌어 있다(눅 4:1~13). 일의 순서로 보아서는 마태복음 쪽이 더 설득력이 있다.

마귀의 유혹이 교묘한 것은 하나님의 아들임을 인정하는 듯하면서 사실은 그것을 부인하고 있다는 점이다. 진퇴양난이라 할까. 물론 하나님의 아들인 예수님은 돌을 떡으로도 바꿀 수 있고, 높은 곳에서 뛰어내려도 다치지 않을 수도 있다. 하지만 인간으로 태어난 예수님은 아직 하나님의 권위를 넘어설 때가 아니었다. 더구나 마귀의 말에 따라 움직인다는 것은 유일신이신 하나님의 정체성을 부인하는 것이다.

이들 제안에 대한 예수님의 대응은 어떤 것이었는지 살펴보자. 마귀는 상대의 가장 큰 약점이 무엇인지를 알고 간교하게 접근하고 있다. 오랜 금식 후 얼마나 배가 고프고 허기져 있었겠는가? 돌을 떡으로 바꾸라는 것은 그것을 먹을 수 있다는 이야기가 아닌가. 그러나 예수님의 대답은 단호하고 확신에 차 있다.

> **"사람이 떡으로만 살 것이 아니요 하나님의 입으로 나오는 모든 말씀으로 살 것이라."**(마 4:4)

엄청난 삶의 가치관을 선포하는 내용이다. 물론 물질이 삶에 필요 없는 것은 아니지만, 가치와 믿음과 생각이야말로 삶을 이끌어가는 원동력임을 알게 한다. 위의 말씀은 출애굽 후 40년 광야 생활에서 만나를 먹게 된 사연을 다시 상기시켰던 신명기(8:3)의 가르침을 재인용하고 있다. 자기의 능력이 아니라 하나님의 말씀에 의지해 자신의 정통성을 확인시키는 예수님의 정면돌파 방식은 우리에게 시사하는 바가 크다.

두 번째 뛰어내리라는 시험은 도마와 같은 예수님의 제자들뿐 아니라, 오늘을 사는 우리가 예수님을 종종 올려놓는 저울대다. 이 때문인지 예수님은 한순간도 주저 없이 "주 너의 하나님을 시험치 말라(마 4:7, 신 6:10~17)"라고 꾸짖는다. 더 나아가 하나님을 시험하는 자는 결코 화를 면치 못할 것임을 성경 곳곳에서 경고하고 있다.

　마지막 장면은 이 사건들의 정점, 절정에 해당한다. 시험자는 세상의 모든 영광
과 권력, 명예, 즐거움을 다 보여주면서 자기에게 엎드려 경배하면 이 모든 것을 주
겠다고 감히 최후의 한 판 승부를 건다. 아슬아슬한 대목이다. 그러나 예수님은 위
엄 있게 명령하신다.

　　"주 너의 하나님께 경배하고 다만 그를 섬기라"(마 4:10, 눅 4:8)

　이런 강력한 통첩을 받고 마귀는 그제야 물러난다.

'느림보 작가' 두초가 그린 예수님의 위엄

　　　　　　　　　이 그림에서 두초가 드라마처럼 묘사하고 있는
것이 바로 이 마지막 최후의 시험 단계이다. 전체 분위기는 밝고 직접적이지만, 마
귀와 그 뒤의 일부 도시와 성이 어둡게 대비되어 있다. 예수님은 단아하고 품격이
있어 보이나, 마귀를 꾸짖는 모습은 명령하듯 단호하고 힘차 보인다. 붉은 옷과 푸
른 망토는 제왕적 권위의 표상으로 이를 입은 예수님은 하나님과 교회의 상징인 바
위 위에 굳건히 서 있다. 검회색으로 흉측하게 그려진 마귀는 더할 수 없이 어둡고
마귀답다. 마귀가 물러간 후 마침내 두 천사가 나타나 예수님의 수종을 들려 하는
장면이 이어지고 있다.(마 4:11)

　하늘 아래 뒷배경에 보이듯이 「산 위에서 시험받는 그리스도」에는 아직 비잔틴

「산 위에서 시험받는 그리스도」 두초, 1308년, 뉴욕 프릭 컬렉션

「다시 살아난 나사로」 두초, 1310~11년, 텍사스 킴벨 미술관

✟

명화로 만나는 성경

적 요소가 남아 있기는 하지만 풍경이 실제보다 상징적이고, 건물들이 모형처럼 축소되어 있으며, 사람의 몸을 길게 늘어뜨린 형상은 후기 고딕풍의 특징들을 드러낸다. 하지만 인물들의 볼륨감, 훨씬 부드러운 옷 주름, 자연스럽게 드러난 몸매에서 르네상스 미술에 성큼 다가서고 있는 변화를 읽을 수 있다.

두초Duccio di Buoninsegna, 1255 또는 1260-?1318/9는 이탈리아 시에나의 대표적인 화가로 같은 시대를 살았던 피렌체의 조토와 어깨를 겨룰 만큼 능력을 인정받고 있었다. 단 그의 출생 연대는 불확실해 그의 작품 제작 연대를 통해 유추된다. 두초의 초기 생애나 그가 받은 교육 배경 또한 알려진 것이 없다.

두초는 꼼꼼해서 마음 내키지 않는 그림을 주문자에게 보여주기 싫어했던 것으로 알려져 있다. 결국 작품을 제때 마치지 못하는 경우가 다반사여서 느림보 작가로 비아냥거림을 받았다. 그럼에도 그에게 작품 주문이 끊이지 않았던 것은 역으로 그가 탁월한 실력을 인정받았다는 말이다.

두초가 살았던 시대에는 동서양의 직물 무역이 성행한 때라서 여러 이국적인 풍경이 화면에 등장하기도 한다. 그림의 장식성에도 영향을 미치고 있어서 「다시 살아난 나사로」에서 보이듯 그의 그림은 단순하지만 화려하고 생동감이 느껴진다.

{ 시험을 극복하기 }

사탄에게 예수님이 시험받는 이 그림을 보면서 '만일 내가 예수님이라면 어떻게 했을까?' 하는 의구심이 생겼다. 아마 나는 분명 이런저런 이유를 들어 변명하면서 마귀의 꾐에 빠져들었을 것이다. 예수님이 이런 시험을 받은 것은 나 같은 연약한 자에게 가르침을 주기 위해서일 것이다. 그리고 누구보다도 예수님은 시험을 이겨낸다는 것이 얼마나 어려운 일인가를 잘 알고 있었음에 틀림없다. 그래서 "우리를 시험에 들게 마옵시고 다만 악에서 구하옵소서"라는 「주기도문」을 매번 기도하라고 하지 않았던가.

하지만 어떤 이유에서건 시험에 진다는 것은 인간 자신의 책임일 것이다. 시험관이 예수님이든, 혹 마귀이든 시험 당했을 때 남은 것은 인간의 선택이다. 좀 가혹한 결론이긴 하지만 우리가 죄로 방황하면서 마음을 놓을 수 없는 이유도 여기에 있다. 모순과 갈등 덩어리로 살아온 내 지난날들이 가을 낙엽이 쌓이듯 죄로 쌓인 뒤안길 같은 생각이 드는 것도 이 때문이다.

죄의 근원은 시험에 지는 것에서 비롯한다. 아무리 선하게 살려고 노력한다고 해도 그것이 죄 없음을 의미하지 않는다. 이미 인간에게 원죄가 있기 때문이다. 자기 혼자의 힘으로 죄와 시험을 이겨낼 수 없는 이유도 또한 여기에 있다. 그럼에도 이들 시험이 꼭 부정적인 것만은 아니어서 인간은 오히려 시험을 통해 성장하고 정금처럼 단련된다.

시험을 이겨낸 뒤의 기쁨은 마치 폭풍이 지나간 후 햇빛 쏟아지는 들판에 나가 맑은 아침 공기를 마시는 것처럼 상쾌하고 안도되는 일이다. 진정한 자유는 시험을 극복하는 자유의지를 행사할 때만 가능한 것이 아닐까? 세상의 그 무엇보다 마음을 잘 다스릴 일이다.

간음한 여인
우리의 죄는
다만 숨겨져 있을 뿐이다

✳

렘브란트 「간음한 여인」

역 사상 어떤 문학도 미치지 못할 만큼 극적이고 감동적인 사건이 성경의 단 몇 줄에 압축되어 있는 경우가 많다. 그중 하나가 간음한 여인에 대한 이야기다. 이는 인간 본성을 적나라하게 드러내는 것으로 서릿발 같은 엄숙함마저 느끼게 하는 내용이다.(요 8:3~11)

이 사건을 잘 이해하기 위해서는 그 전후 배경을 잠시 더듬어볼 필요가 있다. 예수님이 죽은 자를 살리고 소경과 절름발이를 고치는 등 기사와 이적이 숨 막히게 일어나는 중에 또다시 크게 놀랄 일이 두 가지 벌어졌다. 첫 번째는 구름 떼같이 모여든 5,000여 명의 무리를 떡 다섯 개로 먹이시는 경천동지驚天動地할 이적이다. 이는 입에서 입으로 전해지는 소문이 되어 갈릴리 지역을 발칵 뒤집어놓았을 것이 틀림없다. 그러는 중에 예수님이 바다 위로 걷는 일이 벌어졌다. 제자들은 이미 배를 타고 가버나움으로 떠나갔는데 예수님이 바다 위로 걸어와서 그 배에 합류한 것이다.

이와 함께 예수님은 자신이 하나님의 아들이라는 폭탄선언을 하고 이를 믿는 자는 영생을 얻으리라고 담대히 가르쳤다. 이런 도전적 선언은 그의 정체성을 둘러싸고 회오리 같은 물의를 불러일으켰을 것이다. 그를 메시아로 믿고 따르는 자가 있는가 하면 떠나는 무리도 있었으니 그만큼 양측의 입장이 충돌했던 것이다. 예수님의 명성과 인기가 오르면 오를수록 반대자들의 거부감도 거세어져 그를 미워하며 잡아가두려는 음모가 급박하게 진행되고 있었다.

죄 없는 자가 먼저 돌로 치라

그런 위기의 상황에서도 예수님은 감람산에 올라가 기도하고, 이른 새벽 성전에 나와 많은 백성들을 가르치는 일을 계속했다. 이때 간음한 여인을 끌고 온 것은 예수님을 해하려는 치밀하게 계획된 책모策謨 중의 하나였음이 분명하다. 그것은 감히 메시아와 자기를 일체화하는 예수의 정체성에 대한 정면 도발이었다. 이들은 간음하다가 현장에서 잡혀 온 증거가 확실한 여인이 예수님을 곤경에 빠뜨리고 그 권위를 무너뜨릴 것이라고 자못 기대하고 있었다. 그래서 간음한 여인은 돌로 치라는 모세의 율법적 근거를 대면서까지 이 여인을 어떻게 할 것인지 압박하며 대답을 얻어내려 했다.

그들이 이 여인을 끌고 온 것은 사리를 몰라서가 아니라 오히려 잘 알고 있었기 때문이다. 만일 예수님이 그 여자를 돌로 치라 하면 로마법을 어기는 것이요, 돌로 치지 못하게 했다면 모세의 율법을 거스르는 것이 되기 때문이다. 어느 경우이든 예수님은 치명적인 비난을 피할 수 없는 상황이었다. 그러나 그는 이렇게 말하고 있다.

"너희 가운데서 죄가 없는 사람이 먼저 이 여자를 돌로 치라"(요 8:7)

이 말을 들은 무리 가운데 아무도 감히 여인을 향해 돌을 던질 수가 없었다. 되돌아보면 자기 자신도 죄인이기 때문이다. 다만 이 여인처럼 드러나지 않았을 뿐이다. 양심이 있는 자라면 그곳에 서 있을 수 없었기에 하나씩 하나씩 그 자리를 떠야만 했다. 다 떠나간 뒤 텅 빈 공간에 예수님과 여인만 남았다. 예수님은 이렇게 말씀하셨다.

「간음한 여인」 렘브란트, 1644년, 런던 내셔널 갤러리

"(……) 나도 너를 정죄치 않는다. 가서 이제부터 다시는 죄를 짓지 말아라"(요 8:11)

그림을 살펴보자면, 렘브란트가 '간음한 여인'을 그림 소재로 택한 것부터가 용기 있는 행동이었다. 요한복음의 이 부분이 뒷날 삽입되었다는 쟁론이 계속되고 있는 데다가 이 예화가 간음을 허용하는 듯한 구실을 줄까 봐 설교자들도 이 주제를 기피해온 것을 그가 모르진 않았을 것이다. 하지만 렘브란트는 이 이야기의 초점을 간음이 아니라 우리 모두가 죄인이라는 점과 이를 진정 용서하실 수 있는 분은 예수님이라는 것을 말하고 싶었던 것 같다. 특히 인간은 죄성이 있지만 선함 또한 분명히 분유分有하고 있어서 회개하면 용서받아야 한다고 믿고 있었을 것이다. 그 때문에 그는 다른 화가들이 그리지 않았던 회개하는 가롯 유다를 대담하게 그리기도 했다. 렘브란트의 이런 인간 사랑은 하나님을 깊이 신뢰하는 믿음에서 비롯된 것으로 보인다. 「간음한 여인」에서도 아래쪽에 예수님과 간음한 여인의 모습에는 스포트라이트를 비춘 반면 위쪽 유대인 재판 장면은 상대적으로 어둡게 처리해 두 세계를 대비했다.

우선 이 그림은 풍경화처럼 배경 공간이 넓어 마치 드넓은 오페라 무대를 방불케 한다. 지금까지 남아 있는 페리 작곡의 〈에우리디케〉가 1600년 처음으로 공연된 점을 감안하면 렘브란트가 이 오페라를 보았을 가능성도 있다. 화면은 은은하지만 뚜렷한 조명이 비치는 가운데 두 개의 세계로 나뉜다. 위쪽에는 높고, 두껍고, 화려하게 장식된 기둥을 배경으로 으리으리한 의자에 앉은 제도권의 재판관이 두 남녀를 놓고 재판하는 장면이다. 아래에는 군중의 중심에 간음한 여인이 무릎 꿇고 앉아 있다. 안타까운 듯이 서 있는 예수님의 주변에는 유대인 랍비가 항의 조의 질문을 하고 있다. 오른쪽의 타오르는 듯한 붉은 망토를 걸친 관원의 차림새는 자못 위압적인데, 예수님과 그 제자들의 소탈한 옷차림과 대비를 이룬다.

영광과 좌절로 점철된 렘브란트의 생애

　　　　　　　　　　간음하는 여인이 예수님과 맞닥뜨린 장면은 한편의 드라마요 소설보다 더한 감동이다. 렘브란트가 포착해 그린 것이 바로 이 순간이다. 렘브란트의 예술 생애는 영광과 좌절이 중첩돼 있지만, 이를 통해 그의 역량은 더욱 깊어져 예술적 역량을 발휘하기에 이르렀고, 이런 점은 그에 대한 경의와 연민을 갖게 하는 부분이다.

그가 1606년 네덜란드의 주요 공업도시인 레이던에서 태어난 지 3년 뒤 스페인에서 독립한 네덜란드는 50여 년 동안 세계 최상의 해상 강국이었다. 이 자리는 곧 영국과 프랑스에게 물려주었지만, 렘브란트 당시는 경제적으로도 풍성해 당대의 자유와 개성이 뚜렷한 사회적 분위기가 그의 화풍에도 반영되어 있다. 그는 공방에서 화가 수업을 받던 10대 무렵에 이미 탁월한 재능을 인정받았고, 20대 중반이 되었을 때는 「튈프 박사의 해부학 강의」를 주문받을 만큼 그 명성은 높았다.

하지만 영광 뒤에는 슬픔이 따르는 것인지 죽음의 그림자가 렘브란트의 가족을 덮쳤다. 그가 그토록 사랑하던 둘째 딸이 세상을 떠나고(1640), 2년 뒤에는 그가 모든 것을 의지하던 아내마저 세상을 등졌다. 물론 훨씬 뒷일이기는 하지만 그는 파산 선고를 당해야 했으며(1656), 그의 자식들 중 유일하게 살아남은 아들 티튀스마

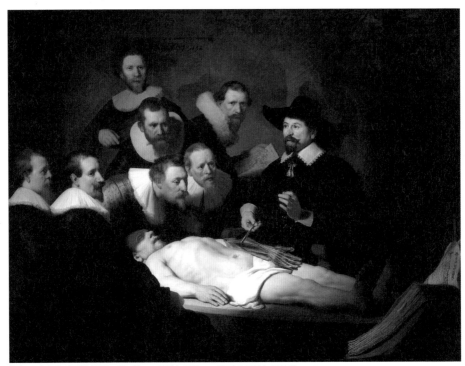

「튈프 박사의 해부학 강의」 렘브란트, 1632년, 헤이그 마우리츠하위스 미술관

저 잃는(1668) 뼈아픈 슬픔을 겪어야 했다.

　렘브란트는 아내를 잃은 지 10여 년 동안 거의 은둔자에 가까운 생활을 하면서도 화가로서 자존심을 지켰다. 작업을 하는 동안에는 어떤 고위층이라도 만나주지 않을 정도였다. 이 장에서 소개하는 「간음한 여인」도 이 무렵 제작되었다. 이 시기에 그는 고통을 잊으려는 듯 풍경화도 더러 그렸는데, 툭 터진 들녘이 펼쳐진 화폭 속에 자신의 아픔을 떨쳐버리고자 했던 그의 심정을 짐작할 수 있다.

　렘브란트의 심화된 사색적 세계는 남다른 창조성으로 승화되어 그림에 반영되

「야간 순찰대」 렘브란트, 1642년경, 암스테르담 국립박물관

었다. 그뿐만 아니라 칼뱅주의의 영향으로 교회의 장식용 제단화에서 해방된 그는 더 깊게 인간과 도덕적인 문제에 자유롭게 접근하고자 했다. 그의 「야간 순찰대」는 인물들을 초상화처럼 배치하지 않고 회화성을 두드러지게 살려, 당시 렘브란트가 지나치게 자신의 예술적 의지를 고집했다는 비판을 받을 정도였다. 또 외양의 과시보다는 내면의 깊은 심성을 밖으로 드러내는 데 초점을 맞추고 있었다. 그 때문인지 그의 그림은 사실주의와 상징주의를 절묘하게 조화시키고 있다는 평가를 받는다.

✚
간음한 여인

{ 간음한 여인, 우리의 초상 }

「간음한 여인」을 다시 보자. 붉은색과 초록빛, 노란색과 흰색을 적절히 배치해 화려한 대비를 이루며 작가는 우리의 시선이 여인을 향하도록 긴장된 분위기를 만든다. 사람들이 여인을 끌고 온 의도는 사악한 것이지만, 여기에 등장한 인물들은 적어도 부끄러움을 알고 있었던 것 같다. 죄 없는 자 있거든 돌을 던지라고 했는데, 아무도 못 던지지 않았는가?

아마 오늘날 이런 일이 있었으면 누군가 염치없이 돌을 던졌을지도 모른다. 오늘의 우리는 부끄러움조차 잊은 채 자신의 잘못도 남 탓으로만 돌리는 데 여념이 없다. C. S. 루이스는 죄책감을 벗어나기 위해 수치심을 잊으려 하거나 자신을 미화하는 것의 위험을 일찍이 지적한 바 있다.

개방과 인간화라는 명분으로 우리는 부끄러워해야 할 부분조차 정당화하고, 광고라는 명목 아래 성을 상품화하고 있으며, 예술이란 미명으로 외설이 기승을 부리고 있다. 어쩌면 간음조차도 성의 개방이라는 이름으로 정당화될지 모른다. 이런 일들은 법으로 해결될 일이라기보다는 궁극적으로 회개를 통해서만 치유할 수 있는 병이다. 사실 예수님이 그 여인을 돌로 치지 못하도록 막은 것은 인간 내면의 동기가 잘못된 것임을 알고 있었기 때문이다. 여자를 용서한 것은 죄에서 해방시켜 자유의 기회를 주기 위해서지 간음 자체를 허용한 것은 아니다. 주일학교 교사 헨리에타 미어즈가 지적했듯이 그리스도께서는 어떠한 혁명이나 개혁도 밖이 아니라 안에서 시작해 외부로 퍼져 나간다고 믿고 있었기 때문이리라.

사마리아인의 선행
진정한 믿음에는 행위가 따른다

❋

반 고흐 「선한 사마리아인」

황 금빛으로 익어가는 가을. 은행나무의 그 파랗던 잎이 샛노랗게 변해가고, 과일장수의 리어카는 귤과 오렌지의 노란빛으로 가득 차 있다. 조용히 퍼져 나가는 가을의 감미로움 속에 슬픈 반 고흐의 얼굴이 떠오르는 것은 저 지독하리 만큼 유혹적인 노란색과 무관치 않을 것이다.

반 고흐는 좌절 속에 빛나는 불꽃 같은 인생을 살았다. 개인적인 삶으로 보면 반 고흐보다 더 불행한 사람이 있을까 의심스러울 정도로 그의 삶은 절망의 밑바 닥을 더듬거렸다. 화랑 점원, 목회자와 같은 사회적 역할에서뿐 아니라 사랑이나 가정을 이루는 일에서도 모두 실패했다. 더구나 그는 세상에서 광기라 말하는 '정 신 파탄'의 위험에 시달렸다. 또한 알코올중독자이며, 골초이자, 동생의 도움으로 겨우 살아가던 무일푼의 가난뱅 이었다.

그렇지만 역사상 반 고흐의 그림만큼 큰 감동을 줄 수 있는 작가가 과연 몇이나 될지 묻게 된다. 이처럼 영혼을 뒤흔드는 그의 힘은 어디서 나오는가? 그 것은 삶의 고통 중에서도 해바 라기처럼 타오르는 미적 열망과 좋은 그림을 그리겠다는 일념에 서 비롯된 것으로 보인다. 그러 나 무엇보다도 하나님이 창조한

「해바라기」 반 고흐, 1888년, 런던 내셔널 갤러리

사마리아인의 선행

세계에 대한 경외와 인간에 대한 사랑의 눈길과 감동이 있었기에 가능했다는 것이 나의 믿음이다.

반 고흐에 대해 그의 광기나, 저주받은 화가의 이미지가 지나치게 강조되어, 지식 인으로서의 면모, 더구나 그의 삶 속의 지속된 축이었으며 자기 존재 의미의 근거 였던 믿음과 신앙은 소홀히 다뤄진 아쉬움이 있다.

광기가 아닌 신심信心으로 길어 올린 작품 세계

반 고흐의 천재성은 그의 광기와 관련해 논의되 는 경향이 많다. 그의 그림에 광기가 흐르고 있는 것도 사실이다. 그렇다 하더라도 그것은 파괴적인 것이 아니라 어떤 접신과 같은 것이었다. 사실 반 고흐가 광기 발 작 중에 그린 그림은 없다. 그 점에서 반 고흐가 좋은 그림을 그린 것은 '광기 때문' 이 아니고 광기라는 고통에도 '불구하고' 이를 이기며 그렸기 때문이라는 프랑수아 베르나르 미셸의 견해(『고흐의 인간적 얼굴』, 김남주 옮김, 이끌리오, 2001년 출간)에 나는 동감한다. 반 고흐 자신도 느닷없이 광기의 습격을 받고 있다는 사실을 누구보다 도 잘 알고 있었다. 그는 정신이 온전할 때 그리고 정신착란이 닥치기 전에, 어떻게 해서든 한 점이라도 더 그리려고 했다.

되돌아보건대 반 고흐가 화가로서 인생을 다시 시작했을 때 그가 이상으로 따르 고자 했던 화가들이 밀레, 렘브란트, 들라크루아 같은 신심信心 깊은 화가들이었다 는 점에 주목할 필요가 있다. 그는 "복음 속에 렘브란트가 있고, 렘브란트 안에 복 음이 있다"라고 편지에 쓰기도 했다. 반 고흐의 배경이 목사인 그의 아버지를 비롯해 대대로 이어온 경건한 금욕적 칼뱅주의 가문이었음은 익히 알려져 있다. 반 고흐도 깨진 유리처럼 파손된 듯한 생의 위기에 시달렸지만 그의 삶 속에는 깊은 신앙의 물줄기가 흐르고 있었다는 것이 곳곳에서 감지된다. 기복은 있었지만 그는 전 생애를 통해 영원한 삶, 인간 존재의 의미를 확실히 선언한 그리스도에 대한 믿음을 줄곧 간직하고 있었다. 지독한 좌절감에 시달릴 때면 그는 "하나님이시여, 얼마나 더 기다려야 합니까!"라고 절규했던 것이다.

전도사가 되어 보리나주 광산에서 광부들에게 복음을 전할 때도, 그곳을 떠나야 했던 것은 반 고흐의 의지가 아니었다. 자신을 버리는 고흐의 지나친 봉사 때문에 오히려 부담을 느낀 선교 단체에서 그를 해고했기 때문이었다. 그는 작은 방에서 먹을 것조차 제대로 먹지 못하고, 아무것도 갖지 않은 채 마치 사막의 은둔자처럼 살았다. 그는 고통 받는 자들보다 무엇인가 조금만 더 가지고 있어도 심한 죄책감을 느꼈기에 소외되고 병들고 가난한 자들에게 작은 것이라도 모두 주어야만 했다. 이 광산 생활 중 테오에게 보낸 편지에 엘리야가 사막의 폭풍 치는 하늘 아래 가시나무 덩굴 앞에서 소리치는 장면이 그려져 있다. 이것만 보아도 목회자로서 당시 그의 심경을 십분 짐작할 수 있다.

반 고흐의 옷은 오래되어 낡을 대로 낡았고, 일에 빠져 목욕할 시간조차 없었던 얼굴은 여느 광부의 얼굴보다 더 검다. 광산 지하 갱의 가스가 폭발해 많은 사람들이 부상당했을 때는 이들을 구하고 치료하려고 자기를 잊은 채 동분서주했다. 그러던 어느 날, 한 환자 곁에서 상처를 씻겨주고, 간호하며, 살려주기를 간절히 기도하는 중 스스로 회복되는 감격의 체험을 맛보았다. 뒷날 그는 환자의 찢긴 이마에서 예수님의 부활이라는 비전을 보았다고 편지에 쓰고 있다.

이 광산 생활에서 특이한 것은 그가 짬짬이 광부들을 스케치하고, 어린이들을 모아 성경공부를 시키면서 그림도 그리게 하는 등 그리기 생활을 시작했다는 점이다. 뒤에 평론가들은 이때에 느낀 인간과 자연에 대한 감동이 그의 내면에 깊게 뿌리내리게 되어 뒷날 전업 작가가 되었을 때 미적 감각이 만개했다고 보고 있다. 이렇게 살아난 감성은 폭력에 가까운 격동의 정서로 그림에 표현되었으며, 이것이 때로는 황홀경의 경지로까지 이끌었던 것이다. 보리나주에서 전도사로서 지낸 삶은 가시밭길이었지만 하나님은 예기치 못한 방향에서 반 고흐에게 새로운 길을 예비하셨던 것으로 보인다. 시련을 통해 길을 인도하시는 하나님께서 애통한 자, 우는 자, 가난한 자에게 복을 주신다는 역설이 실현되고 있었던 셈이다.

광산 선교사에서 해임된 뒤 머물렀던 브뤼셀의 하숙집 주인은 반 고흐가 울며 신음하는 소리를 가끔 들었다고 전한다. 예수님은 고독과 오해, 고통과 모욕의 삶을 산 그에게 신앙의 길 대신 예술의 길을 가도록 하셨는지 모른다. 반 고흐의 자화상에서 때로 예수님 얼굴에 보이는 고통스런 진실이 발견된다고 말한다면 지나친 비약일까.

「선한 사마리아인」, 진정한 이웃은 누구인가

여기에 다루고 있는 「선한 사마리아인」은 반 고흐가 정신적인 파탄을 겪고 난 후, 생 레미 요양원에 있는 동안에 그린 것이다. 앞서와 같은 삶의 도정과 연결해볼 때 시사하는 바가 많다. 이는 원래 들라크루아가 같은 제목으로 그린 것을 모작模作한 것이다. 그는 이 외에도 그곳에 있는 동안 들

「선한 사마리아인」, 반 고흐, 1890년, 오테를로 크뢸러밀러 미술관

「선한 사마리아인」 들라크루아, 1849년, 파리 루브르 박물관

라크루아의 「피에타」, 렘브란트·밀레 등의 여러 작품을 모사했다.

반 고흐는 우연히 모사를 시작했지만 그것에서 많은 것을 배우고 위안을 얻었다고 밝히고 있다. 들라크루아와 반 고흐는 색채감을 중요시하는 점에서, 또 신앙을 가졌다는 점에서 여러 공통점을 갖고 있다. 하지만 반 고흐가 이 「선한 사마리아인」을 모사한 데는 고독과 정신 파탄의 무력감 가운데 누군가의 도움에 대한 간절한 바람이 숨어 있었던 것으로 보인다.

「선한 사마리아인」(눅 10:29~37)의 비유는 '진정한 이웃이 누구인가'에 대한 예수님의 인상적인 가르침이다. 어떤 사람이 예루살렘에서 여리고로 가는 도중에 강도를 만났는데 강도는 그 옷을 벗기고 때려 거의 다 죽어가는 그를 내버렸다. 당시에 가장 존경받던 종교인인 제사장과 레위인은 그 곁을 지나면서도 이를 못 본 척 피해 갔다. 그렇지만 당시 천대와 멸시를 받던 사마리아인은 달랐다. 그는 강도 만난 자를 불쌍히 여겨 상처를 치료해주고, 자기 짐승에 태워 여관에 투숙까지 시켜주었다는 줄거리다. 이 일화에서 예수님께서는 누가 진정한 이웃인가를 묻고 있다.

들라크루아의 원래 그림에는 이 사마리아인이 붉은 망토를 걸치고 있는 반면에 반 고흐의 그림에는 그 특유의 황금빛 노랑으로 칠해져 있다. 그러나 두 작가가 모두 중점을 두고 있는 부분은 거의 몸을 가누지 못하는 피습자를 어깨와 허리가 단단한 사마리아인이 힘을 다해 말 위에 올리는 장면이다. 온몸을 맡기고 있다는 점에서 피해자의 깊은 신뢰를 드러내 보인다. 고흐의 그림에서 왼편 멀리에 제사장이 있고, 더 가까이에는 레위인이 걸어가고 있는데, 뒷배경의 산 계곡은 앞의 두 사람을 의식한 듯 뭉개듯이 처리되어 있다. 반 고흐는 종교화라도 회화적 관점에서 그려야 한다고 믿고 있었는데 이 점을 이 그림에서도 십분 발휘하고 있다.

사마리아인의 선행

{ 누군가에게 소용 되는 삶 }

나는 이 그림에서 반 고흐 그림의 역동적인 힘과 빛나는 사랑뿐 아니라 동시에 성령의 비둘기가 화면에 가득 차게 날아오르는 듯한 기쁨 또한 맛보았다. 그러나 반 고흐가 이 그림을 그린 지 2개월여 만에 자살의 길을 택했던 것은 그의 좌절이 얼마나 컸던지를 말해준다. 사실 우리 인생이 아무리 어렵더라도 반 고흐만큼은 아닐 것이라는 생각이 들 때가 있다. 역설적으로 때로 그의 이 참담한 불행이 우리의 위안이 될 때가 있으니, 정말 인간은 별 수 없는 죄성을 갖고 있나 보다. 남의 불행은 지켜보면서도 자신의 불행은 참으로 견디기 어려워하며 다른 이의 도움을 바라고 있으니 말이다.

인간이 다른 인간을 사랑하는 일이란 어려운 일이다. 그나마 행위가 아닌 믿음으로 구원받는다고 하니 마음에 작은 위안이 된다. 하지만 진정한 믿음이 있으면 행위가 따르지 않을 수 없다는 생각에 이르면 마음 어딘가 무거워지는 것이 사실이다. 이 시대에 그 어느 때보다 사마리아인과 같은 이웃의 봉사와 자선이 요청되는 것은 그만큼 우리 시대가 냉혹하고 단절이 깊기 때문이다.

"한국의 그리스도인들은 하나님과의 수직적 관계는 비교적 잘 맺지만 이웃과의 수평적 관계는 아직 미흡하다"라고 지적한 누군가의 말이 생각난다. 반 고흐는 자신이 누군가에게 소용이 되는 유익한 인간이 되었으면 하는 바람을 그의 편지 여러 곳에 쓰고 있다. 나 자신이 다른 이들에게 얼마나 유익한 존재가 될 것인가, 내가 소유에 너무 집착해 살아온 것은 아닐까 하는 자괴감이 든다.

네 사도들
기독교의
새 역사를 연 선구자

뒤러 「네 명의 성스러운 사람들」

중세의 옛 도시 독일 마르부르크에서 시작해, 프랑크푸르트에서 새벽 기차를 타고 뮌헨에 가는 길은 그 자체로 환상이었다. 새벽안개가 수채화 물감처럼 뿌려진 사이사이로 떠올랐다 잦아들었다 하는 차창 밖 마을과 숲과 들판 풍경은 또 다른 세상 같았다.

뮌헨은 바이에른-뮌헨 축구팀과 BMW 자동차의 본산지답게 경제적 풍요가 넘쳐흐르고 있었다. 예술의 멋과 산업이 공존하는 곳. 그곳은 거지조차 도무지 가난해 보이지 않았다.

그러나 무엇보다 나를 놀라게 한 것은 거대한 두 개의 미술관인 노이 피나코테크와 뮌헨 알테 피나코테크였다. 잠실 종합운동장만큼이나 넓은 잔디밭을 가운데 두고 양편에 서 있는 석조 건물 안에는 18세기 이전의 미술과 그 이후부터 현대미술까지를 나누어 각각의 미술관에 전시하고 있었다. 뮌헨은 1911년 칸딘스키를 중심으로 독일 표현주의 작가들이 모여 청기사파(화가의 내면에서 우러나는 정신성, 환상성을 주장한 미술 단체) 흐름을 만든 곳이라, 그들의 작품 또한 풍성하게 만날 수 있다. 또한 루벤스 작품의 컬렉션은 대단해서 작품의 질이나 크기, 그 수량에 있어서 아마 유럽 최고의 소장처일 것이다. 뒤러Albrecht Dürer, 1471-1528의 「네 명의 성스러운 사람들」을 본 곳으로도 뮌헨 알테 피나코테크는 잊히지 않는다.

네 명의 성스러운 사람들

뒤러의 「네 명의 성스러운 사람들」은 한 폭에 두 사람씩 그린 두 폭의 그림으로, 한 폭의 크기가 세로 215센티미터, 가로 76센티미터다. 마주보며 걸려 있는 화폭 안의 인물들이 실물보다 약간 커서 조금 떨어져서 보면 관람객이 화폭 안 사람들과 함께 서 있는 느낌마저 준다. 고심 끝에 이 그림을 완성한 뒤러는 1526년 10월 6일, 그가 태어난 뉘른베르크 지역 시청 원로회에 이를 기증했는데, 그때 그가 한 말로 보아 꽤나 자신감에 차 있었다. "시市에 기억이 될 만한 작품을 선사하고 싶었으나 그럴 만큼 마음에 드는 것이 없었는데 이번 작품은 그에 합당할 것 같아 보낸다"라는 변이다. 통상 이 그림은 「네 명의 사도들」이라고 불리지만 복음사가이나 예수의 제자가 아닌 마가를 고려하면 화가가 원래 붙인 제목이 더 정확한 셈이다.

왼쪽 패널에는 젊은 요한이 마침 당시 루터가 번역한 루터 성경(1522)을 손에 들고 자신이 쓴 요한복음 1장을 펴든 채 읽고 있다. 이는 뒤러가 루터의 종교개혁을 지지하고 있다는 강력한 시사다. 초록색 옷 위에 걸친 요한의 붉은 망토는 깊은 사색에 잠긴 듯 희고 균형 잡힌 그의 얼굴에 잘 어울리고 그를 당당해 보이게 한다. 요한의 뒤에는 베드로가 그의 열혈적 기질이 신앙으로 많이 누그러진듯 거의 무감동한 얼굴로 천국 문의 상징인 금제 열쇠를 들고 서 있다. 하지만 고개 숙여 반사되는 그의 넓은 이마와 잿빛 수염에는 그간에 겪은 시련의 세월들이 배어 있는 듯하다. 이 두 사람 모두 예수님의 열두 제자 중 수제자이자 특히 가까운 친구 사이였지만 요한을 전면에 배치한 것은 종교개혁 당시의 분위기를 반영하는 것이다.

오른쪽 패널에는 바울이 흰색 망토를 거의 일직선으로 걸치고 성경을 든 채, 오른손에는 그의 순교의 상징인 긴 칼을 세워 잡고 화면을 덮을 듯이 서 있다. 지극히 긴장한 듯 그의 옆 이마와 번들거리는 대머리 사이에는 힘줄이 불룩 솟아오르고 예리한 눈빛은 무엇인가를 경계하는 듯하다. 그 옆에는 얼핏 화가 난 듯한 표정

「네 명의 성스러운 사람들」 뒤러, 1526년, 뮌헨 알테 피나코테크

「사도 바울」 루카스 카르나흐, 1530년경, 파리 루브르 박물관

의 마가가 구레나룻에 그 큰 눈을 부릅 뜨고 오른손에는 두루마리 성경을 들고 누군가에게 말을 걸고 있는 듯하다.

베드로와 마가는 뒤에, 그것도 코너에 가리듯 서 있기 때문에 혹자는 이들이 처음부터 그려진 것이 아니라 뒤에 첨가 되었을 것이라는 설을 내세우기도 했다. 그러나 1960년대에 한 기술적 분석에 따 르면 처음부터 네 사람이 그려졌으며 또 이것이 세 폭의 제단화를 위해 제작된 것이 아니라 원래 두 폭으로 그려졌다는 것이 확인되었다.

그림 속 성경과 명문의 의미

여기에 등장한 성인들 각각의 태도와 표정은 이 들의 성격을 잘 드러내고 있다. 그림 밑에 글자를 써넣은 뒤러의 동업자 노이도어퍼 에 따르면 뒤러는 이 그림에서 네 사람의 기질이 드러나게 하려는 의도로 작업을

「박사들 사이의 예수 그리스도」 뒤러, 1506년, 마드리드 티센─보르네미사 미술관

했다고 한다. 밝지만 사려 깊은 요한, 나이 들어 점액질화된 베드로, 우울한 기질의
바울, 성마른 마가의 성격이 화면에 잘 묘사된 것은 이러한 배려 덕분이다. 인물화의
대가인 뒤러의 역량이 강하게 그리고 유감없이 발휘된 사례다. 이 그림의 중심점을
이루며 무게의 균형을 잡아주는 것은 그들이 들고 있는 두 권의 성경이다. 이 성경
은 그림을 받치는 들보이자, 오직 말씀과 믿음이 충만했던 초대 교회로 돌아가자는
종교개혁 당시의 요구를 반영하고 있다.

그림 아래, 요한과 베드로의 발밑에는 뒤러가 선택한 당시의 필사자 요한 노이도어퍼가 써넣은 비교적 긴 명문들이 붙어 있다. 이는 독일어로 번역된 루터 성경에서 가져온 문구로, 거짓 선지자를 경계하라는 말로 시작하고 있다. 또한 세상의 치자治者들은 하나님을 대신하려는 미망에 빠지지 말 것이며, 그 말씀을 한 자도 빼거나 더하지 말라고 경고하고 있다. 뒤러 연구가 마틴 베일리는 뒤러가 이런 경구들을 써넣은 것은 종교개혁에 대한 자신의 적극적인 찬동 의사를 밝힌 것이라고 해석한다. 뒤러는 이들 네 사람을 통해 종교개혁 시대의 열망과 요청되는 역사의식을 밝히고자 했을 것이다. 또한 당대의 광신주의를 경계하라는 의도도 담겨 있다고 한다.

이들 명문 부분과 위의 패널 그림이 분리되었다가 다시 결합되는 사연 또한 흥미롭다. 바이에른 선제후 막시밀리안 1세는 독일에서 반동 종교개혁의 선봉에 섰던 인물로 1609년 '프로테스탄트 제후동맹'에 대항해 '가톨릭 제후연맹'을 결성해 그 지도자가 되었던 인물이다. 그런 그가 자신의 미술품 수집을 위하여 이 작품을 뮌헨에 가져오도록 했는데, 뉘른베르크의 관리들은 가톨릭인 그가 이 종교개혁의 의지를 표현한 걸작을 다시 돌려보낼 것으로 기대했다. 그러나 막시밀리안은 명문만 돌려보내고 패널 그림은 뮌헨에 남겨두도록 했다. 이 명문들이 다시 뮌헨에 와서 결합된 것은 1922년이 되어서였다. 이런 사연들을 보면 인간의 노력만으로는 도달할 수 없는 섭리의 영역이 있지 않나 하는 생각이 든다.

뒤러가 그린 네 사람

　　　　　　　　　그런데 뒤러는 어째서 기독교 역사상 그 많은 선각자들 중에 이 네 사람을 택하여 그리게 되었을까?

　마가는 공관복음 중 최초의 기록자로 알려져 있기에, 마가복음은 다른 복음에 영향을 미쳤음 직하다. 마가복음의 서술은 단도직입적이고, 배우가 대사를 외우듯 장엄한 느낌을 주며 마치 폭포가 떨어지는 듯한 속도감이 있다.

　예수님의 말씀은 간략하게 소개되는 데 반해, 여러 기적과 이적이 스무 번이나, 그것도 어떤 것은 반복적으로 서술되어 있다. 또한 인물들이 살아 움직이는 것 같고 감정의 묘사가 그만큼 사실적이다. 마가복음에 기록된 예수님의 행적은 다양하여 소경을 눈뜨게 하고, 죄를 사하며, 수천 명을 먹이고, 병자를 고치며, 귀신을 몰아낼 뿐 아니라 문둥병자를 깨끗이 낫게 했다. 반면 마가복음의 3분의 1이 예수님의 수난 기사로 채워져 있음은 당시 고난당하고 있던 그리스도인들에게 십자가의 고난이 갖는 소망을 일깨워주고 싶어서였을 것이다.

　요한은 예수님의 오심을 역사의 시작과 종말이라는 기독교 역사관의 구도 속에 위치시켰다. 하나님의 아들인 예수님은 태초부터 하나님과 함께했으며, 그 섭리에 따라 역사를 이끌어간다는 믿음이다. 예수님이 오셔서 새로운 생명의 시대, 새로운 약속의 시대가 시작되었기에 하나님의 나라는 이미 결정적으로 와 있다는 역사의식을 밝히고자 했다. 이것이 종교개혁 시대에 '새롭게 강조되어야 할 이유'가 무엇이었을까를 검토해보면 당대의 분위기를 짐작할 만하다.

　또한 누군가 바울이 없는 기독교를 생각할 수 없으며, 그 신학은 아우구스티누스를 통해 칼뱅과 루터 종교개혁의 원천이 되었다고 했다. "오직 믿음으로"라는 종

「베드로의 발을 씻기는 예수」 뒤러, 1511년, 런던 영국박물관　　「십자가에 못 박힘」 뒤러, 1498년, 빈 알베르티나 미술관

교개혁의 근본적 각성은 믿음으로 의로워진다는 바울 서신의 핵심이자 그 가르침이기도 하다. 그래서인지 그림에서도 오른쪽 앞에 서 있는 바울이 가장 긴장해 있고, 행동감이 살아 있으며 관람자를 예리하게 응시하며 무엇인가 할 말이 많은 듯하다. 어찌 보면 이 네 명의 등장인물 중 가장 주인공에 가까운 사람이 바울일지 모르겠다.

역사의식과 선구자

　　　　　　　　　　　독일의 뉘른베르크에서 금세공업자의 아들로 태

어난 뒤러는 북유럽 르네상스의 가장 위대한 작가 중 한 사람으로 평가받고 있다. 자신의 얼굴을 화폭에 독립적으로 담은 초상화를 처음으로 그렸다는 점에서 초상화 장르의 시발자일 뿐만 아니라, 풍경화에서도 특정 지역의 장면을 실경으로 그려낸 개척자이다. 금세공을 하는 아버지의 영향이기도 했겠지만 그는 목판화와 동판화에서 탁월한 예술적 재능을 발휘해 이 분야에 새 길을 열었다. 당

「자화상」, 뒤러, 1500년, 뮌헨 알테 피나코테크

시 발흥하는 부르주아 계층의 예술품 수집 유행과 인쇄술 발달에 따른 책의 삽화 보급에 힘입어 그의 판화들은 날개를 단 듯이 팔려 나갔고, 전 유럽에 걸쳐 그는 큰 명성을 누렸다. 그의 판화가 350여 종에 달한 반면 유화는 60여 점밖에 남아

있지 않은 것으로 보아 뒤러의 판화에 대한 관심을 알 만하다. 그는 십자가에 달린 그리스도의 수난을 대형과 소형 두 가지 시리즈로 제작했으며 요한계시록의 '네 명의 말 탄 자들'과 같은 종말론적 주제에도 깊은 관심을 보였다.

{ 선구자에게
배우는 삶 }

누군가 이 시대 한국 교회 최대의 문제는 지도자와 역사의식의 부재라고 지적했다. 우리는 예수님을 교회 안에 가두어놓고 이 세상을 비판하면서 오히려 세상 사람들을 따라가고 있는 것은 아닌지……. 우리의 눈높이를 현세적 복락에만 맞춘다면 최후의 심판에 대한 역사적 기대는 점점 멀어질 수밖에 없지 않은가?

이 시대가 아무리 어둡더라도 뒤러가 그린 네 사람의 선구자들처럼 살고자 몸부림치는 이들이 어디엔가 있을 것이다. 그런 사람들이 승리하는 삶을 기원하며 그들의 출현을 기다리고 싶다.

최후의 만찬

새로운 약속으로
다시 영혼을 일깨우다

디르크 바우츠 「최후의 만찬」

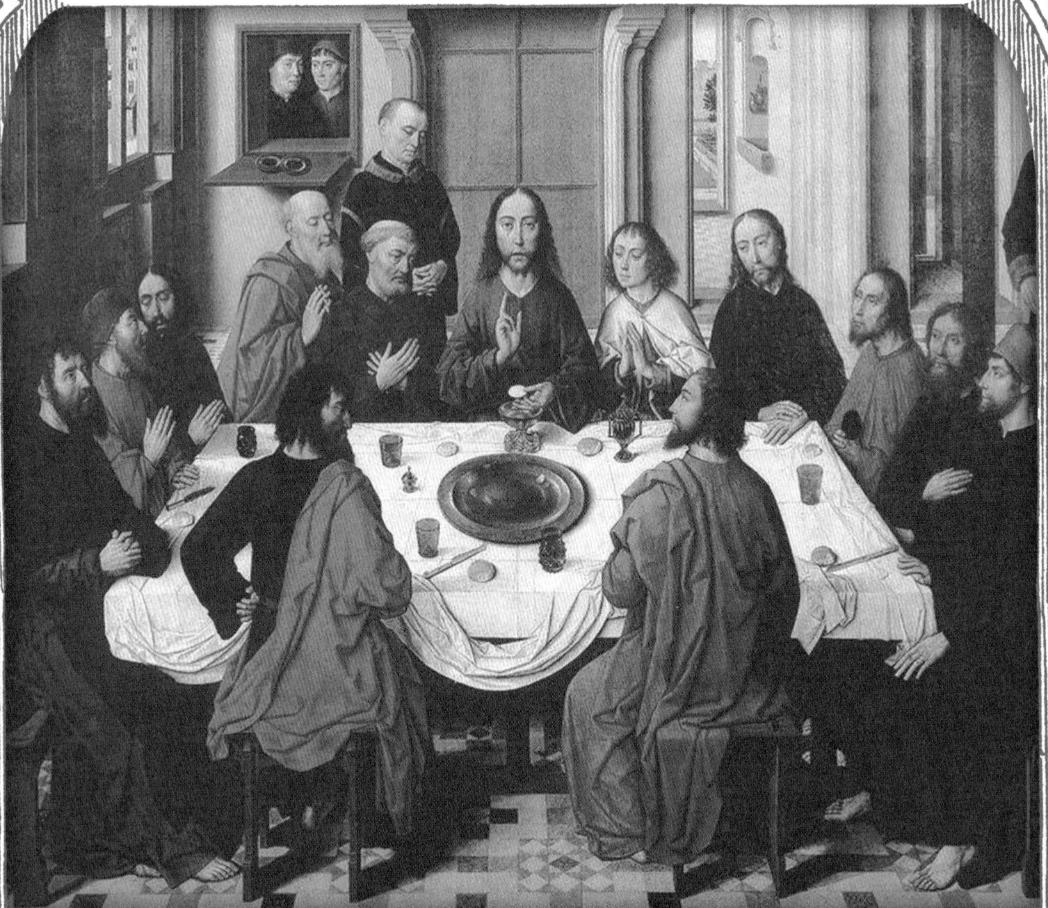

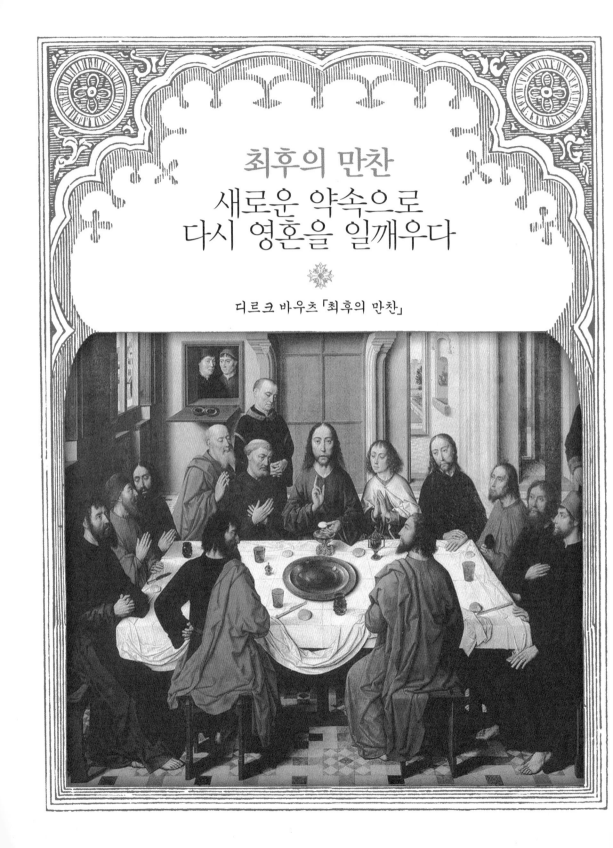

성경에 친숙하지 않은 사람들에게도 예수님의 '최후의 만찬'은 아주 귀에 익은 행사다. 그것은 아마 이를 소재로 한 걸작, 레오나르도 다 빈치의 「최후의 만찬」의 대중적 인지도와도 맞물려 있는 것 같다. 이는 종교와 예술이 얼마나 깊이 연관되어 있는가를 알게 하는 대표적인 사례라고도 하겠다.

'최후의 만찬'을 그린 작품은 수백을 헤아리지만 전개 방식은 대략 세 가지로 나뉜다. 첫 번째 부류는 예수님이 만찬을 시작하면서 제자 중에 누군가 한 사람이 자기를 배반할 것이라는 폭탄선언을 하는 순간을 그린 것이다. 이 생각지도 않았던 불길한 예견에 놀란 제자들은 모두 경악했고 많은 화가들이 이 격앙의 인간적 드라마를 마치 스냅사진처럼 그렸다. 그 대표적인 작가가 레오나르도와 티치아노이

「최후의 만찬」, 레오나르도 다 빈치, 1494~98년, 밀라노 산타마리아 델레 그라치에 성당

최후의 만찬

「최후의 만찬」 작자 미상. 비잔틴 시대

다. 미술사가 곰브리치는 레오나르도의 것을 성경 이야기 중 가장 실감나게 그려진 그림이라고 평가하고 이를 인간의 천재성이 만들어낸 기적이라고 극찬했다.

두 번째는 빵과 포도주를 나누는 성찬 의식에 초점을 맞추어 그린 작품들이다. 이 일은 예수님의 전 생애를 정리하는 기념비적 의미가 있고, 또 신앙인이 갖는 총체적 교감이라는 측면에서 예상된 터다. 작품 수에서도 이 부류가 제일 많고 이 글에서 다루고자 하는 디르크 바우츠Dirk, Dieric Bouts, ?1415-75의 것도 여기에 속한다.

마지막으로 성령 중심으로 그린 최후의 만찬이다. 이의 대표적인 작가로는 벤 빌리켄스와 사이먼 패터슨을 들 수 있겠다. 빌리켄스의 경우 레오나르도 다 빈치의 작품과 구도는 비슷하나 식탁의 배경을 비롯해 공간 전체를 텅 비우고 어떤 인물도 등장시키지 않는다. 한편 패터슨은 하얀 벽 위에 예수님과 그 제자들의 이름만 써놓았다.

「최후의 만찬」 벤 빌리켄스, 2009년

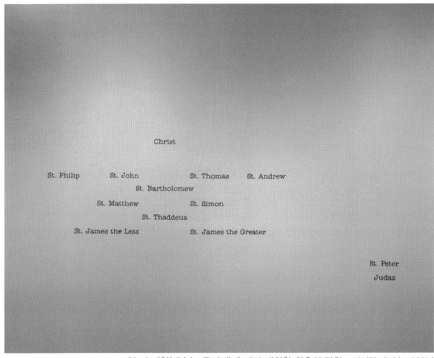

Christ

St. Philip   St. John   St. Thomas   St. Andrew
St. Bartholomew

St. Matthew   St. Simon
St. Thaddeus

St. James the Less   St. James the Greater

St. Peter

Judas

「수비 대형(예수는 골키퍼)에 따라 배치한 최후의 만찬」 사이먼 패터슨, 1990년

마지막 밤의 만찬

예수님은 늘 고독한 죽음의 행진을 하고 있었다. 이제 마지막 밤이 다가왔음을 그만이 알고 있었다. 이 절박한 상황에서 그는 두 가지 사실을 식탁에 둘러앉은 제자들에게 통보한다.(마 26:20~29, 막 14:17~25, 눅 22:14~23)

지금은 바빠진 세상사 때문에 식사는 그저 드문 일상사 중의 하나가 되어버렸지만 식사는 생명을 이어주는 고리를 넘어 한 가정을 이루는 끈이자 삶과 정을 나누는 가장 직접적인 의식이다. 더구나 생명이 있는 한 그것은 계속된다. 그리스도께서는 비록 죽음의 길로 떠나지만 제자들과 여전히 함께 있을 것임을 확인해줄 필요가 무엇보다 절실했을 것이다.

"저희가 먹을 때에 예수께서 떡을 가지사 축복하시고 떼어 제자들에게 주시며 가라사대 받으라 이것이 내 몸이니라 하시고 또 잔을 가지사 사례하시고 저희에게 주시니 다 이를 마시매 가라사대 이것은 많은 사람을 위하여 흘리는 바 나의 피 곧 언약의 피니라"(막 14:22~24)

그 식탁에서 제자들 중 한 사람이 자기를 배반하리라고 선포했을 때 누구도 예수님께 항의할 만큼 자신 있는 사람은 없었다. 더욱 안타까운 것은 직접 지명을 당한 유다의 경우이다.(마 26:25) 유다는 즉시 회개해 마음을 돌이키기는커녕 오히려 예수님과의 친밀감을 과장해 민망스럽다. 예수님을 팔 수밖에 없었던 그의 숙명을 동정하다가도 여기에 이르면 결국 인간이란 어쩔 수 없는 죄성으로 가득한 존재라는 생각을 떨쳐버리기 어렵다. 앞에서도 여러 번 얘기했지만 인간의 자유의지와 하나님의 예정 사이의 관계를 이해하기란 쉽지 않은 것 같다. 하나님의 예정과 자유의지에 대한 논쟁이 아우구스티누스와 펠라기우스Pelagius, 354-?418(영국의 수도사·철학자·신학자. 인간의 자유의지를 강조하고 원죄, 그리스도의 구원, 세례 등을 부정하는 펠라기우스설을 제창했다) 사이에서 그토록 치열하게 전개될 수밖에 없었던 것도 결국 죄의 책임이 어디에 있는가에 대한 문제 때문일 것이다.

겸허와 감사로 가득 찬 만찬

화가 디르크 바우츠의 초기 생애에 대해서 추적할 만한 자료는 거의 없다. 그는 네덜란드 북쪽 하를렘에서 태어나 그곳에서 미술 수업을 받고 작품 활동을 했다. 그가 남부 지역 루뱅으로 이사(1440년이나 1450년으로 추정됨)했을 때에는 작가로서 상당한 역량을 갖추고 있었다. 그 때문인지 이후 그는 큰 주문을 받았고 명성을 쌓아갈 수 있었다.

그의 초기 작업에서는 판 데르 베이던Rogier van der Weyden, 1399/1400-64의 영향을 감지하게 된다. 그가 인물들을 실제보다 훨씬 길게 그리고 감정을 과장되게 표현한 것은 이런 까닭이다. 어둡고 밝은 면의 대비와 감성적 섬세함에서 얀 반에이크에게도 영향을 받았으리라 짐작된다. 하지만 그는 후년에 가면서 감정을 절제해 인물들의 성격을 뚜렷하게 하고 화면에 깊은 공간감을 주는 등 자신의 개성을 드러내는 데 적극적이었다.

여기에 소개하는 「최후의 만찬」은 그의 생애 후반에 해당되는 시기의 작품으로

「최후의 만찬」, 디르크 바우츠, 1464~67년, 루뱅 성 베드로 성당

앞서 말한 특성이 구체적으로 드러나 있다. 우선 전체 분위기는 성결한 정적이 흐르고 넓은 공간만큼이나 조용하다. 화면 중심에 앉아 있는 예수님은 그 등 뒤의 벽난로 창살과 머리 위 샹들리에의 중심추로 인해 누가 보아도 이 장면의 주인공임을 직감하게 한다.

그의 양편에 네 명의 제자, 식탁의 좌우변에 각기 세 사람씩 모두 여섯 명 그리고 예수님 반대편에 등을 돌린 두 명을 합해 모두 열두 명이다. 화면 왼쪽 아래 수염이 칙칙하게 길고 왼손을 등 뒤로 돌려 무엇인가를 요구하고 있는 듯한 인물이 유다임에 틀림없다.

그리고 앞의 역사적인 장면과는 무관한 네 사람이 이 화면에 등장하고 있다. 마치 식탁의 시중을 들 듯이 왼편과 오른편에 두 인물이 서 있는데 오른쪽의 인물은 화가인 바우츠 자신임이 분명하다. 그는 「성모 마리아와 예수님을 그리는 성 누가」라는 작품에서도 누가로 분장한 자신의 자화상을 등장시키는데, 그 인물과 이 만찬에 서 있는 인물의 얼굴이 일치하기 때문이다.

왼편 벽장 쪽문에 얼굴을 내밀고 있는 두 사람은 이 그림의 정확한 고증을 위해 화가에게 자문해주었던 루뱅 대학의 두 교수로 알려져 있다. 화가는 온 방 안에 가득 배치한 인물들이 답답해 보이지 않도록 왼쪽과 창문을 하늘과 들판을 향해 열어두었다.

빛이 가득한 식탁 중앙에는 맑은 포도주가 놓여 있고 각자에게는 컵과 빵이 배분되어 있는데, 예수님은 왼손에 떡을 들고 오른손으로 축복하고 있다. 참석자들의 손 또한 모양이 각각이지만 하나같이 경건한 헌신의 마음을 드러내고 있는 것처럼 보인다. 어두운 색 옷에 비해 하얀 식탁보는 이들을 조명하듯 찬란하다. 전체

「성모 마리아와 예수님을 그리는 성 누가」
디르크 바우츠, 1455년 추정

분위기는 섬세하지만 흐트러지지 않고, 개성적이지만 자랑함이 없이 겸허와 감사로 가득 차 있다.

이 그림을 분석하면서 화가 데이비드 호크니는 매우 흥미로운 견해를 제시했다. 이 그림에 등장하는 인물들은 디르크가 각각 그려서 콜라주 형식으로 배치해 붙였다는 견해다. 이들 인물들이 한자리에 모여 있지만 사실은 각기 따로 앉아 있는 듯한 느낌을 주는 것도 그 때문이란다. 디르크는 높은 데서 아래로 내려다보는 듯한 조감법을 쓰고 있지만 샹들리에는 정면에서 그리는 화법을 쓰고 있다.

이 그림은 세 폭 제단화의 중앙 부분으로 양편 날개에는 본 그림 4분의 1 크기

「성찬식 삼면 제단화」 디르크 바우츠, 1464~67년, 루뱅 성 베드로 성당
「아브라함과 멜기세덱의 만남」「유월절 축제」(왼쪽 위아래)
「만나 모으기」「광야에서의 엘리야」(오른쪽 위아래)

로 네 개의 그림이 그려져 있다. 이들은 모두 성찬과 관계된 구약의 사건으로 「아브
라함과 멜기세덱의 만남」「유월절의 희생제」「만나 모으기」「광야에서의 엘리야」다.

왜 고증이 필요했는가

　　　　　　　　　이 제단화를 제작할 때 디르크가 현장의 의미를
정확하게 재현하기 위해 두 교수를 자문으로 위촉했다는 말은 앞서 언급했다. 왜

이 제단화 주문자들은 신학적 고증에 이토록 마음을 썼을까 하는 의문을 떨쳐버리기 어렵다.

이 작품의 제작 연대인 1464~67년 무렵에는 아직은 본격적인 종교개혁의 불길이 타오르지는 않았던 시점이다. 하지만 이미 영국에서는 존 위클리프John Wycliffe, ?1320-84가 교회의 재산권을 부인할 뿐 아니라 화체설(성찬식 때 먹는 빵과 포도주가 순간적으로 그리스도의 몸과 피로 변한다고 하는 학설. 1551년에 트리엔트 공의회에서 교의로 선포된 이후 로마 가톨릭교회가 인정하는 학설이다)을 강력히 비판했다. 이의 영향을 깊이 받은 프라하의 얀 후스는 혁명적 주장을 내세우다 화형까지 당했다. 이때쯤 유럽 전역은 지금까지의 성찬식에 대한 개념의 변화를 요구하는 불안한 상황이 아니었을까?

이와 관련해 근래 한 연구자가 지동설을 주장한 갈릴레오의 재판에 대해 지금까지의 통설을 뒤집고 있어서 흥미롭다. 역사학자 피에트로 레돈디는 『이단자 갈릴레오』에서 갈릴레오가 주장했던 것은 지동설이 아니라 원자설이었다고 밝히고 있다. 그런데 이 원자설에 따르면 화체설을 부정하는 결과로까지 이어지기 때문에 갈릴레오는 이단이 될 수밖에 없고 그의 처형은 피할 수 없었다. 이를 안 교황이 갈릴레오를 살리기 위해 지동설로 몰고 갔다는 이야기다. 요컨대 당시 가톨릭 내부에는 이 문제를 둘러싼 진보세력과 보수세력의 갈등이 첨예했고 갈릴레오 지동설은 바로 성찬의 성격 문제와도 관련이 있다는 분석이다.

{ 성찬식은 언약의 시작 }

사실 종교개혁자들 내부에서도 성찬의 의미와 화체설에 대해 루터와 츠빙글리, 칼뱅의 입장이 달랐고 아직도 해답의 공감대를 얻기에는 어려움이 있는 것 같다. 우리는 모르는 것이 많다. 어떻게 보면 모르니까 믿는다. 안다면 굳이 믿음의 단계로까지 가지 않아도 되지 않을까.

하지만 성찬식은 신약에서 새로운 언약의 시작이자 확인이라는 생각에 공감한다. 하나님의 약속과 인간의 믿음은 상호적인 관계에 있다. 그리스도의 진정한 목적은 우리의 전부를 그에게 매어두는 데 있었던 것 같다. 인간은 하나님의 형상으로 창조되었으므로 우리 몸과 영혼이 그만큼 존엄하다는 것을 다시 확인시켜주고자 했으리라. 그는 마치 먹고, 마시고, 숨 쉬듯이 늘 우리와 함께 있을 것임을 약속하고 싶어했다.

현대인들은 몸을 아끼는 듯하지만 과음, 폭력, 성적 타락, 마약, 성형 등 자신을 학대하는 데 훨씬 더 열중하는 삶을 살고 있다. 성찬식에는 신학적 의미를 넘어 인간 영혼과 신체의 진정한 회복을 위해 우리에게 보내는 엄중한 경고가 들어 있다고 본다.

겟세마네 동산의 기도
자기를 버림으로 열리는
참다운 세계

조반니 벨리니 「겟세마네 언덕의 고뇌」

삶은 온통 기도라고 할 만큼 우리는 바람과 기다림과 염원 속에서 산다. 우리의 신앙이란 기도 그 자체인지도 모른다. 그러면서도 얼마나 바른 기도를 하며 사는지 생각하면 늘 부끄러움이 앞선다. 어떤 때는 자기의 바람만을 청구서 내밀듯이 나열하고 하나님의 음성을 들을 여유조차 없이 기도는 끝난다. 오랫동안 간절히 기도해오던 소원을 이루어주셔도 그것에 대한 감사는 곧 잊은 채, 다른 기도 제목으로 릴레이 하듯 달려가는 모습도 본다.

성경에는 기도에 관한 말씀이 곳곳에 있지만 예수님의 겟세마네 언덕의 기도 장면처럼 절실하고, 절박하며, 감동적인 장면은 없을 것이다. 이는 마태복음(26:36~46), 마가복음(14:32~42), 누가복음(22:39~46)에서 모두 언급되었고 요한복음(18:1)에도 짧게 언급되어 있다. 성경의 서술이 가장 직접적이고 극적이기 때문에 여기 그중에 하나를 옮겨본다. 읽고 또 읽어도 여전히 새롭게 다가온다.

"이에 예수께서 제자들과 함께 겟세마네라 하는 곳에 이르러 제자들에게 이르시되 내가 저기 가서 기도할 동안에 너희는 여기 앉아 있으라 하시고 베드로와 세배대의 두 아들을 데리고 가실새 고민하고 슬퍼하사 이에 말씀하시되 내 마음이 심히 고민하여 죽게 되었으니 너희는 여기 머물러 나와 함께 깨어 있으라 하시고 조금 나아가사 얼굴을 땅에 대시고 엎드려 기도하여 가라사대 내 아버지여 만일 할만하시거든 이 잔을 내게서 지나가게 하옵소서 그러나 나의 원대로 마옵시고 아버지의 원대로 하옵소서 하시고 제자들에게 오사 그 자는 것을 보시고 베드로에게 말씀하시되 너희가 나와 함께 한시 동안도 이렇게 깨어 있을 수 없더냐"(마 26:36~40)

「겟세마네 동산의 고뇌 어린 기도」 아리 셰페르, 1839년, 도르드레흐트 미술관

겟세마네에서의 피땀 흘림

예수님이 갈릴리에서의 공생애를 마치고 예루살렘에 입성했을 때, 그곳에는 두 가지 상반된 기류가 흐르고 있었다. 하나는 뭇 민초들의 열광적인 환영이요, 다른 하나는 대제사장들과 장로들의 돌이킬 수 없는 적대감이었다. 예수님께서 감람산에 기도하러 들어가려던 시점에는 미움이 절정에 이르러 예수님의 체포와 죽음은 피할 수 없는 상황이었다.

예루살렘과 감람산 사이 계곡에 있는 겟세마네는 전에도 예수님이 어려울 때마다 와서 기도했던 한적한 곳이었다. 그러나 이번에 그곳에 간 것은 피하거나 숨으려는 것이 아니라 칼뱅이 말한 대로 '자발적인 죽음'을 택하여 간 것이다. 그것은 그가 이곳에 오기 전날 밤, 떡과 포도주로 최후의 만찬을 제자들에게 베풀었다는 데서 확인된다. 여명의 새벽, 겟세마네 동산에서부터 시작된 예수님의 수난passion은 이후 구속, 재판, 십자가상의 죽음으로까지 이어진다.

그리스도는 이 최악의 상태에 어떻게 대응했는가? 이때 예수님의 처신 중에 가장 쟁점이 되는 것은 그가 앞으로 다가올 죽음에 대해 크게 두려워하고 또 슬퍼하고 있었다는 사실이다. 어떤 이들은 이 같은 그의 연약한 인간적 모습이 구세주의 체통과 권위, 위엄을 떨어뜨린다고 안타까워한다.

하지만 많은 사람이 이를 다르게 보고 싶어한다. 만일 예수님이 이런 고통과 공포에 무감했다면, 그를 구세주로 신뢰할 수 있을까 하는 생각을 더러 할 때가 있다. 이미 325년에 열린 니케아 공의회에서 예수님의 신성과 인성에 대한 논의가 격렬했고 끝내 결론은 "예수님은 신성과 인성을 모두 지녔다"라고 났다. 인간적인 예수님이 고통과 두려움 속에 있었기 때문에 사실은 예수님의 기도와 용기가 돋보이

「두 후원자에게 경배받는 십자가의 예수」 엘 그레코, 1590년경, 파리 루브르 박물관

고, 또한 우리와 공감대의 역사를 공유하는 것이 아닐까? 만일 고통 없이 신의 모습으로만 그 순간을 지나갔다면 우리는 얼마나 예수님을 신뢰하고 의지할 수 있었을지 의문스럽다. 하나님은 겟세마네에서 피땀 흘리며 우리의 고통을 짊어지는 예수님을 담보로 당신을 가장 가까이 만나도록 접점을 만들어주신 게 아닐까.

기도는 변화

만일 "하나님께서 예수님에게 그 시련의 잔을 피하게 해주셨다면 오늘의 기독교가 성립될 수 있었을 것인가"라고 묻는 것은 지나친 비약일 수도 있다. 하지만 수난이 겟세마네의 가장 인간적인 호소에서 시작하여 십자가상의 죽음으로 마무리된다는 것을 감안하면 겟세마네 사건 없는 기독교는 설득력이 훨씬 떨어지고 말았을 것이다. 그래서 교부 암브로시우스는 이 일에 관해선 어떠한 변명도 있을 수 없다고 단언했다고 한다.

또한 예수님의 기도 자세의 변화에 주목할 필요가 있다. 처음에는 할 수만 있으면 그 죽음의 잔을 피하게 해달라고 매달렸다. 하지만 곧이어 자기의 원대로가 아니고 하나님의 뜻대로 하라고 맡겼다. 그리고 끝내 주님의 뜻을 확인한 다음에는 복종한 후 담대해질 수 있었다. 그를 잡으러 온 성전 지킴이들과 로마 병사들을 당당히 맞이하는 예수님의 태도에서 이를 알 수 있다. '기도는 변화'라는 말을 몸소 보여준 셈인데, 요컨대 그는 요청했지만 결코 하나님의 뜻을 거역하지 않았으며 그만큼 당신을 억제했던 것이다.

예수님이 겟세마네에서 가장 견디기 어려웠던 것은 죽음보다 더 아팠던 고독, 즉 버림받았다는 절망감이 아니었을까? 하나님께 버림받지 않았을까 하는 두려움이 무엇보다 괴로웠을 것이다. 그러나 그보다 더 인간적으로 괴로웠던 것은 그토록 사랑하는 제자들조차 바로 가까이에서 그 절망의 순간에 한시도 그와 함께하지 못하고 모두 잠에 떨어졌다는 사실이다. 그것도 세 번씩이나 모두 잠들어 그의 큰 고통을 외면한 듯했다.

나는 작은 것이라도 포기하는 것이 얼마나 어려운 것인가를 때때로 체험하며 산다. 정해진 일정 중에 하나만 빼는 일에도 몹시 갈등할 때가 있다. 그런데 예수님처럼 이 순간 자기의 모든 것을 포기한다는 것이 얼마나 힘든 결정이었겠는가? 그리스도로 존경받던 그가 무력하게 십자가에서 죽어가는 것은 어쩌면 제자들에게 먼저 부끄러운 일이었을 것이다. 그러나 예수님은 마침내 모든 것을 버리고 새로운 세상을 열었다. 나를 버리면 모든 것을 얻는다는 말이 떠오르는 순간이다.

벨리니와 만테냐가 그린 겟세마네

벨리니Giovanni Bellini, 1427-1516와 만테냐Andrea Mantegna, 1431-1506는 둘 다 '겟세마네 언덕의 고뇌'를 소재로 그림을 그렸다. 벨리니의 것이 만테냐보다 5년쯤 뒤에 그려진 것 같다. 이 두 명화는 우연의 일치인지 의도적인지는 모르지만 영국 런던의 내셔널 갤러리에 나란히 전시되어 있어서 관람에 재미를 더한다. 더구나 그들은 거의 같은 시기를 살았던 매제뻘 인척이었다.

만테냐는 파두아 출신으로 15세기 북이탈리아 미술의 흐름을 만드는 데 뛰어난 역할을 해낸 사람이다. 그는 대담한 단축법에 더하여 인체의 조각적 양감을 회화

「겟세마네 언덕의 고뇌」 벨리니, 1465년, 런던 내셔널 갤러리

「겟세마네 언덕의 고뇌」 만테냐, 1460년, 런던 내셔널 갤러리

✚
명화로 만나는 성경

에 즐겨 사용했다. 한편 베네치아에서 태어난 벨리니는 초기에 만테냐의 영향을 받을 수밖에 없었으나, 이후 빛과 시적미감詩的美感을 그림에 도입해 그 특유의 양식을 창출했다. 15, 16세기 초의 베네치아 미술이 절정기의 르네상스 미술에서 주도적역할을 하는 데는 그의 공로가 컸다.

이들이 각기 제작한 「겟세마네 언덕의 고뇌」를 보면 그들 간의 공통점과 차이점이 두드러지게 드러나서 당대의 미술과 두 화가를 이해하는 데 큰 도움을 준다. 웬디 수녀가 『명화 이야기』(곽동훈 옮김, 디자인하우스, 1997년 출간)에서 자상하게 말하고있듯이 두 그림 모두 전체적 분위기는 황량하고 바위가 가득한 풍경 아래서 절박하다. 그리고 함께 등장한 베드로와 야고보, 요한 이 세 사도들은 모두 대담한 단축법으로 처리되어 있고 옷 색깔도 비슷하다. 관람자에게서 반쯤 등을 돌린 예수님은 간절히 기도하고 있으며 벗은 발은 그의 위태로운 운명을 예감하게 한다. 또두 그림 모두 멀리 가룟 유다의 인도를 받는 병사들이 예수님을 체포하기 위해 다가오고 있다.

그러나 그들 간의 상이점 또한 적지 않다. 만테냐의 그림에는 훨씬 더 많은 바위들이 경직되게 그려져 있어서 그 척박함이 곧 닥쳐올 예수님의 죽음을 암시하는듯하다. 한마디로 보는 이의 바로 눈앞에 절박감을 들이미는 반면, 벨리니의 그림은 멀리서 바라본 원경의 느낌을 주며 황량함 속에서도 시적 감흥과 조용한 평정을 느끼게 한다. 그 때문인지 만테냐의 하늘이 얼어붙은 겨울 하늘을 연상시킨다면, 벨리니의 하늘은 따스하게 동트는 분홍의 새벽빛이다. 마치 크게 체념한 관조적 슬픔이라 할까. 또한 만테냐가 그린 도시 풍경이 오히려 인위적이라 한다면, 벨리니의 그것은 훨씬 더 자연스러워 보인다. 만테냐의 그림은 왼쪽 위에서 천사들이 십자가를 앞세우고 하늘에서 내려오고 있는 반면에, 벨리니의 것은 한 천사가 고통의 잔을 상징하는 성배를 들고 다가오고 있는 것도 다른 부분이다.

　예수님의 기도 방향이 서로 반대편을 향하고 있는 점도 재미있지만 벨리니의 것은 예수님의 옷이 피땀에 젖어 몸에 찰싹 붙어 있는 느낌을 준다.

{ 기도의 순간 }

「겟세마네 언덕의 고뇌」를 볼 때면 앞에서 말한 차이 외에도 내 눈을 잡아끄는 한 가지가 있다. 바로 세 사도들의 모습니다. 만테냐의 그림 속 사도들은 완전히 잠에 떨어진 반면, 벨리니는 그래도 어떻게든 몸을 가누어보려고 애쓰는 사도들의 모습을 연출하고 싶어한 것 같다. 이들 모습이 나와 우리의 무력한 모습이 아니겠는가?

그럼에도 이들은 기도한 후 이곳을 떠나면서 참 용기를 얻고 하산했을 것이다. "기도를 하려고 두 손을 모으는 것은 이 세상의 혼란에 대항하여 일어나는 시작"이라는 신학자 칼 바르트의 말이 다시 떠오르는 순간이다.

베드로의 부인
내가 그 사람을
알지 못하겠노라

두초 「베드로의 예수님 부인」

빼어난 한국 현대시 중에는 자화상을 소재로 한 시가 여럿 있다. 이들의 공통점이 있다면 지난날의 삶뿐 아니라 지금의 삶도 회한과 부끄러움으로 가득차 고백적 시상을 담고 있다는 점이다. 우리가 좋아하는 윤동주의 「참회록」에도 젊은 날의 잘못을 토로하는 피 섞인 울음이 배어 있다.

내일이나 모레나 그 어느 즐거운 날에
나는 또 한 줄의 참회록을 써야 한다
그때 그 젊은 나이에
왜 그런 부끄런 고백을 했던가

밤이면 밤마다 나의 거울을
손바닥으로 발바닥으로 닦아 보자
_윤동주, 「참회록」(부분)

사람마다 되돌아보면 얼굴이 화끈하게 달아오르는 실족의 기억이 있을 것이다. 삶은 회한인가. 아우구스티누스의 『고백록』이, 바울의 곤고한 절규가, 다윗이 눈물로 지새웠던 밤이 모두 그런 아픔들이다. 가장 사랑하고 가까이했던 예수님을 세 번이나 모른다고 부인하고 배신했던 베드로의 심정이 얼마나 참담했을까를 생각하면 남의 일 같지 않다.(물론 죄책감이 너무 많은 것도 문제지만 죄책감조차 느끼지 못하는 사람 또한 불행하지 않을 수 없다. C. S. 루이스의 말처럼 "병을 앓고 있으면서도 병을 앓고 있지 않다고 하는 사람"은 치유가 불가능하기 때문이다.)

베드로의 터무니없는 자신감

성경에서는 예수님 생애 기록자 네 명 모두가 베드로의 배신을 마치 소설 쓰듯이 자세하고도 생생하게 전하고 있다.(마 26:31~35·69~75, 막 14:29~31·53~72) 그것도 중심인물인 예수님의 수난이 급박하게 진행되는 와중에 마치 주연과 조연의 역할이 잠시 바뀐 듯한 느낌마저 들게 할 정도다.(눅 22:34·54~62, 요 18:12~27)

사건의 전말은 대략 '예수님의 경고, 붙잡힘, 베드로의 부인' 순으로 진행된다. 이에 대한 성경의 기록들을 내 나름으로 재구성해보면 이렇다. 먼저 경고 단계다. 예수님의 베드로에 대한 경고는 서릿발 같은데도 그는 여전히 자신에 차 있어서 분별없이 헤매고 있다는 느낌이 든다.

예수님: 내가 진실로 네게 이르노니 오늘 이 밤 닭이 두 번 울기 전에 네가 나를 세 번 부인할 것이다.

베드로: 내가 주와 함께 죽을지언정 맹세코 주님을 부인하지 않겠습니다.

하지만 당신은 베드로의 연약함을 이미 꿰뚫어보고 있었다. 그리고 이 경고 속에는 당신이 잡힌 후 제자들이 흩어지지나 않을까 하는 걱정도 드러내고 있다. 바꿔 말하면 앞으로 더한 일이 일어나도 크게 실망하거나 허물어지지 말라는 당부가 들어 있었다. 그러나 베드로는 그 깊은 뜻을 헤아리지 못하고 자신의 약함을 까마득히 잊은 채 죽음까지 맹세를 하고 있다. 이렇게 터무니없는 자신감에 차 있는 사람을 두고 칼뱅은 "마치 술이 취한 채 무기고로 달려가는 병사와 같다"라고 비유한

적이 있다.

　예상대로 예수님은 붙잡혔고, 대제사장의 집으로 끌려가 심문을 받게 되었다. 이 일로 걱정이 된 베드로는 차마 도망가지 못하고 뒤따라가 그 집 뜰에까지 들어갔다. 그곳에서 다른 하속들과 불을 쪼이며 불안한 마음으로 새벽녘의 찬기를 다스리고 있었다. 그때 베드로를 알아본 사람들의 질문이 그를 매우 당혹스럽게 한다.

　여종: 너(베드로)도 나사렛 예수와 함께 있지 않았더냐?
　베드로: 네가 무슨 말을 하고 있는지 나는 알지도 깨닫지도 못하겠다.
　다른 여종: 당신은 예수의 제자 중의 한 사람이 아니냐? 내가 보았다.
　베드로: 맹세하건대 나는 아니다.
　곁에 섰던 사람들: 이 사람의 갈릴리 말투로 보건대, 그 당에 속한 자가 틀림없다.
　베드로: 사실이라면 나를 저주하라. 나는 그를 결코 알지를 못한다.

　그 순간 닭이 두 번째 울었다. 예수님의 말씀을 기억하고 너무도 참담한 자신의 몰골에 베드로는 심히 통곡하며 울었다. 그 자신이 위선자에 지나지 않았기에 그를 지탱했던 모든 것이 무너져 내리고 있었다.

상반된 장면의 절묘한 조화

　　　　　　　　앞의 일을 소재로 한 대가들의 그림이 여럿 있지 만 대표적인 것으로 렘브란트와 카라바조의 작품을 꼽을 수 있다. 렘브란트의 것

「베드로의 부인」 렘브란트, 1660년, 암스테르담 국립미술관

은 여종과 베드로가 클로즈업 돼 노란 조명을 받고 있는데 저 멀리 어둠 속에서 예수님이 그를 뒤돌아보고 있다. 어떻게 보면 무척 조용한 장면이다. 카라바조의 「베드로의 부인」은 여종과 베드로와 병사 한 명, 모두 세 명의 반신이 화면 전체를 가득 채우고 있다. 베드로의 당혹스러운 모습과 여종의 다그치는 듯한 행동이 다이내믹하지만 깊이는 덜하다. 굳이 비교하자면 앞의 것이 귀족적이라면 뒤의 것은 베드로의 투박한 어부 같은 모습이 살아 있는 서민적인 그림이다.

반면 여기서 소개하려는 두초의 「베드로의 예수님 부인」(전체 제목은 「베드로의 첫 번째 그리스도 부인과 대제사장 안나스 앞에 선 그리스도」)은 한 화면에 두 장면을 배치하고 있다는 점에서 특이하다. 마치 연극무대 세트를 1층과 2층으로 설치한 형식인데 우선 관람자의 시선은 더 넓은 공간을 차지한 아래로 향하게 되어 있다. 거기에 여러 하속들과 모닥불을 둘러싸고 앉아 있는 베드로는 불에 발까지 쬐며 자못 여유롭다. 하지만 갑자기 등장한 여종이 그를 손가락으로 지목하며 "네가 예수와 함께 있지 않았느냐?"라고 질책하는 듯한 질문에 매우 당혹스러워하며 손을 들어 부인하고 있다.

바로 그 시간에 위쪽에는 제사장 안나스 앞에 끌려간 예수님이 억압적 분위기에

「베드로의 예수님 부인」
두초, 1308~11년,
시에나 두오모 박물관

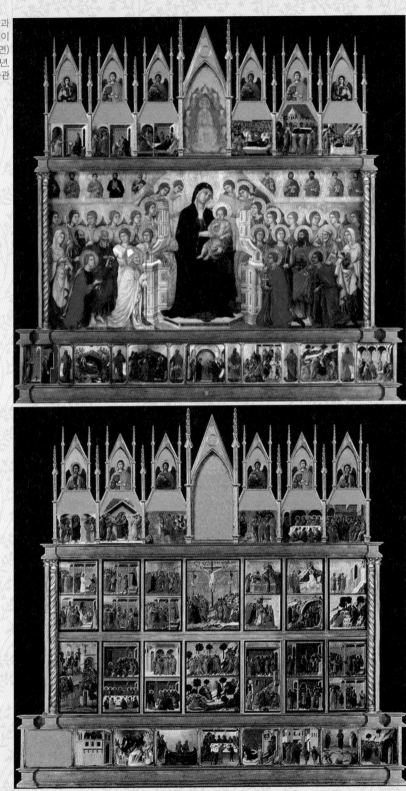

「스무 명의 천사들과
열아홉 명의 성인들이
있는 마에스타」(앞면과 뒷면)
두초, 1308~11년,
시에나 두오모 박물관

서 대답을 강요당하고, 증인들의 거짓 증언으로 죄인이 되어가고 있었다. 이 두 장면의 대비는 사건의 극적인 분위기를 증폭시킨다.

두초의 천재성은 위층으로 가는 층계를 대각선으로 가로질러 세움으로써 사람들의 시선이 아래에서 위쪽으로 움직이게 하면서 두 사건을 자연스럽게 잇는다는 데서 드러난다. 더구나 왼쪽에 있는 소녀의 오른쪽 어깨선을 위로 향한 계단의 난간과 동일선상에 둠으로써 앞에서 말한 의도를 강조한다. 또 이 그림의 두 주인공 예수님과 베드로의 옷 색깔을 달리하면서도 각각 중앙에 배치해 그림의 중심을 분산시키지 않으려 세심히 배려하고 있다.

이 작품은 홀로 독립된 것이 아니고, 시에나 대성당 중앙 제단화인 「스무 명의 천사들과 열아홉 명의 성인들이 있는 마에스타」 뒷면에 그려진 예수님의 생애 그림 중의 하나임을 기억하면 작품의 분위기를 이해하는 데 도움이 될 것이다. '마에스타'는 원래 '장엄'을 뜻하기도 해 똑같이 성모자를 묘사했더라도 그림의 규모가 작으면 보통 마에스타라 부르지 않는다. 「스무 명의 천사들과 열아홉 명의 성인들이 있는 마에스타」는 제단화에서 분리된 패널 몇 점이 흩어져 있지만, 시에나에 남아 있는 이 걸작만으로도 두초의 역량을 확인할 수 있다.

명화로 만나는 성경

{ 회개하는 자는
소망이 있다 }

베드로는 왜 예수님을 부인했을까? 그의 부인은 사실 심각한 일이었다. 그가 맨 먼저 고백했던 "주님은 예수 그리스도"라는 고백을 무효화시킨 일일지도 모른다. 베드로는 예수님의 대변인 격인 수제자이며 중요한 사건 때마다 항상 그의 옆에 있었다는 점을 생각하면 더욱 그렇다. 예수님의 기적을 직접 보고 체험하며 가르침을 따르고 믿었던 그조차도 그 연약함에 있어서는 다른 이들과 결코 다르지 않았다. 그 뒤에도 예수님의 가르침을 까마득히 잊은 채 갈릴리로 돌아가 평범한 어부 생활로 돌아가고 말았다.

그러나 이런 베드로를 예수님은 어떻게 대하셨는가? "여호와는 마음이 상한 자에게 가까이 하시고 중심에 통회하는 자를 구원하시는도다"(시 34:18)라는 말대로 부활하신 예수님은 디베랴 바다에 찾아가 제자들과 함께 아침을 나누었다. 이른 새벽 조용한 바닷가에서 그 싱싱한 생선을 구워놓고 제자들과 아침을 드는 장면을 생각하면 나는 왠지 가슴이 떨린다. 그것은 정말 아름다운 장면이었을 것이다.

그리고 그 자리에서 예수님은 베드로에게 똑같이 "시몬의 아들 베드로야 네가 나를 사랑하느냐?"(요 21:15~17)라고 세 번이나 물으셨다. 그때마다 베드로는 똑같은 결의로 "내가 주를 사랑하는 줄을 주께서 아시나이다"라고 대답했다.

아우구스티누스는 죄보다 더 나쁜 것은 절망, 자포자기라고 했다. 왜냐하면 그런 사람은 회개할 힘조차 없기 때문이다. 적어도 죄를 용서받으려면 회개해야 하고 그러기 위해서는 과거의 잘못을 버리고 다시 새롭게 돌아서는 결의가 있어야 한다. 그리고 회개의 출발점은 자기의 잘못과 연약함을 인정하는 것이다. 다시 실패할 것이냐의 여부는 다음의 일이다. 아무리 부끄럽더라도 회개한 자는 소망이 있으나 절망하는 자는 회개조차 할 수 없다는 데 문제의 심각함이 있다.

이후 가난했던 어부 베드로의 삶이 크게 바뀌었음을 우리는 안다. 베드로는 하루에 3,000여 명의 회심자를 얻을 만큼 위력적인 전도를 했다. 이방인에게 주님의 말씀을 전하는 첫 선교자가 되었고 병을 고치는 기적들을 행했다. 그는 예루살렘 교회의 책임자가 되었으나 기원후 44년 무렵 로마에 가서 기독교를 전하고 로마 교회를 조직해 순교할 때(64 또는 67년)까지 그곳에 있었다.

암브로시우스 주교에 따르면, 네로재위 54-68 박해 동안에 베드로가 로마를 떠나고자 카타콤을 지나는 길에 이르렀을 때, 그는 홀연히 예수님을 만났다고 한다. 그때 베드로는 예수님께 "주여 어디로 가시나이까?Domine quo vadis?"라고 물었다. 예수님은 "다시 한 번 십자가에 못 박히러 간다"라고 대답했다. 베드로는 제2의 십자가는 자기가 져야 할 것을 직감하고 다시 발길을 돌려 로마로 향했다는 일화가 전해 내려오고 있다.

베드로는 순교할 때 예수 그리스도가 처형된 똑같은 방법으로 죽기에는 너무도 죄스럽다 하여 자신을 십자가에 거꾸로 매달아 죽여줄 것을 자청했다고 한다. 회개와 용서 그리고 사랑은 세계를 바꿀 만큼 엄청난 힘을 갖고 있다는 것을 베드로는 말해준다. 이것은 이 시대에 관용이 무엇보다 더 절실히 요구되는 또 다른 이유이기도 하다.

십자가를 지심
그 잔인한 얼굴들 속에
내 모습은 없을까?

보스 「십자가를 지고 가는 그리스도」

번잡한 도시나 세상살이를 훌쩍 떠나 바닷가나, 깊은 산속, 한적한 마을에 잠시 머무를 때가 더러 있다. 그 해방감과 조용한 평정의 감미로움으로 우리 영혼은 쉼을 누리고, 잊었던 자신의 내면세계로 깊이 침잠해 들어가곤 한다. 그때 나를 소스라치게 놀라게 하는 것은 내 내면에 얼마나 많은 미움과 갈등, 까닭 없는 증오심들이 타오르고 있었는가를 감지하게 되는 순간이다. 내 안에 사랑의 나무가 자라는 것이 아니라 미움과 경계와 경쟁의 뿌리가 깊이 드리워져 있음을 부인하기 어렵다. 삶이 마음을 여는 과정이 되기는커녕 하루하루 누군가에게 마음의 문을 닫고, 판단하고, 정죄하며, 편 가르고, 비난하는 것으로 쌓인 세월이 아니었는가 하는 자괴감까지 든다.

세상도 이와 크게 달라 보이지 않는다. 사람들의 외모는 아름다워지고 옷차림도 화려하며 건강해 보인다. 성형수술이 크게 유행하는 걸 보면 사람들이 외모를 꾸미는 데 얼마나 마음을 쓰고 있는지 짐작할 수 있다. 내가 살고 있던 잠실 벌의 유명 백화점에 들러보면 고객들의 화사한 차림과 밝은 얼굴색, 당당한 자신감 앞에 오히려 위압감마저 들 정도다. 에스컬레이터에 줄 지어 타고 오르는 그들의 외양은 마치 천국으로 가는 자들처럼 깨끗해 보인다. 하지만 저들이 내면세계를 아름답게 훈련하기 위해서 외양에 힘을 쏟는 만큼 정성을 들이는지 의구심이 들 때가 있다.

더구나 사람들이 정말 잔인해지는 것을 보면 가슴이 탁 막히는 듯한 답답함을 느낀다. 공원에서 다람쥐가 먹어야 할 도토리를 바구니째 주워 가는 사람, 곰 쓸개즙을 먹는답시고 무고한 곰을 작은 쇠창살에 가두고 마취약을 주사하는 인간들이 우리 주변에 있다. 핵무기를 만들고, 전쟁터에서 수만 명을 학살하는 인간의 잔인함은 그 어떤 자연 재앙보다 위험하지만 이젠 그런 이야기조차 진부하게 들릴 정도다.

선과 악의 두 얼굴

보스Hieronymus Bosch, ?1450~1516가 그린 「십자가를 지고 가는 그리스도」를 보았을 때 섬뜩했다. 예수님을 둘러싼 인간들의 잔인하고 증오에 찬 모습이 나 자신의 모습과 오버랩 되었기 때문이다. 물론, 적절히 위장된 표정을 지으며 살아가지만 어느 순간 분기탱천하면 내 얼굴이 이들과 다르리라고 자신 있게 말할 수는 없다. 보스가 이 그림에서 말하고 싶은 것은 바로 그런 것이 아닌가 싶다. 여기 등장하는 사람들은 인간의 외양을 하고 있지만 가운데 예수님과 왼쪽 아래 성녀 베로니카를 제외하고는 모두 악마의 표정을 드러내고 있다.

보스는 앞에서도 잠깐 소개했지만, 네덜란드의 스헤르토헨보스에서 태어나 그곳에서만 살다 떠난, 그의 삶 자체가 신비로운 장막에 가려져 있는 인물이다. 아버지와 형제들을 비롯해서 대대로 내려온 화가 가문이어서 보스가 그 밑에서 미술 수업을 받은 것은 분명하다. 하지만 출생 연대는 불확실하며 그가 남긴 문헌이나 기록도 전혀 없고 남아 있는 작품도 겨우 30여 점에 불과하다. 더구나 그 정체가 헷갈리는 것은 그의 그림이 갖고 있는 성격 때문이다. 보스의 그림에는 동물의 머리에 인체를 조합한 기괴한 생물이 활보하거나 식물이나 동물의 일부분이 합쳐져 있는 등 기괴한 분위기를 연출한다. 아이러니한 것은 그것들이 이 세상에 실제 있지 않으면서도 너무도 사실적으로 그려져 있기 때문에 현실에 존재하는 듯 착각하게 된다는 점이다. 그는 또한 당대의 수도승이나 사제 같은 성직자들의 어리석고, 탐욕스러우며, 부끄러운 행동들을 서슴없이 들추어 풍자함으로써 이단이라는 오해를 받기도 한다.

보스에 대한 평가는 단연 부정적인 면이 두드러진다. 미술사학자이며 저술가인

「십자가를 지고 가는 그리스도」 보스, 1515~16년, 헨트 시립미술관

딕슨Dixon의 열거에 따르면 '사탄 숭배자' '열광적인 가톨릭 신자' '정신신경증의 광인' '광신자' '마약중독자' '타락한 섹스광' 등 그를 설명하는 데에는 나쁜 말이 총동원된 셈이다. 좋은 평가는 '여러 외국어를 아는 박식한 사람' '성경학자' 정도다.

그러나 역사 속의 인물은 그가 살던 역사적 상황에서 조명되어야 하며 요즘의 잣대로 잴 일만은 아니다. 보스가 살던 시대에는 악령이나 마녀에 대한 민중적 믿음이 크게 팽배했던 시대였다. 또한 요한계시록에 예언된 세상의 파멸이 곧 닥칠 것이라는 두려움에 가득 차 있었으며 신의 분노에 지극히 예민해 있었다. 더구나 연금술과 점성술이 과학으로 대접받고 있던 시절이다. 그렇기 때문에 15,16세기 무렵에 이 같은 소재나 이미지 들이 책의 삽화, 판화, 교회의 가구, 대성당의 조각에서도 등장하는 것을 자주 보게 된다.

보스의 고향 스헤르토헨보스에는 두 가지 특징적인 종교적 흐름이 있었다. 하나는 그의 마을 주변에 수녀원이나 수도원이 많았고 그만큼 당대 제도화된 종교의 부당한 모습들이 눈에 자주 띄었을 것이라는 점이다. 다른 하나는 그의 고향이 평신도들의 경건한 공동체 운동인 '오늘의 헌신운동'의 중심지였다는 사실이다. 그가 세상을 떠난 것이 루터가 종교개혁을 선언(1517)하기 1년 전이니, 새로운 개혁의 기운은 유럽의 곳곳에 상당히 팽배해 있었으리라는 짐작은 어렵지 않다.

당시에 토마스 아 켐피스의 『그리스도를 본받아』(유재덕 옮김, 브니엘, 2008년 출간)라는 책이 큰 영향을 미치고 있었는데, 보스 자신도 그의 가르침에 따라 살고 싶어했다는 바람이 그림 곳곳에 드러나고 있다. 그림의 목적도 그리스도를 닮아가는 삶이 어떤 것인가를 보여주는 데 있었던 것 같다. 이 장에서 다루고 있는 그림에서도 평화와 정적으로 가득한 그리스도의 얼굴과 악마 같은 인간들의 얼굴을 대비시

「가시 면류관을 쓴 그리스도」 보스, 1530~95년, 마드리드 산 로렌소 델 에스코리알 수도원

✝

십자가를 지심

킴으로써 인간들이 어느 쪽을 택할 것인지를 알게 하려는 것이 아닌가 싶다.

　네덜란드가 스페인의 황제 펠리페 2세의 지배하에 있었던 그 시절에, 황제는 보스의 작품을 몹시 좋아해서 빼앗다시피 수도 마드리드의 왕궁에 수집했다. 덕분에 보스 작품의 완전한 망실을 막고 그나마 보존될 수 있었던 것은 다행이다. 하지만 황제 자신이 종교재판소를 설치했던 장본인이니 보스를 이단으로 모는 것은 지나친 억지임이 드러난 셈이다.

증오 속에 초연한 예수님의 모습

　　　　　　　　성경을 읽으면 예수님의 말씀이 강렬하고 연극을 보는 듯이 생생하고 장엄한 역동성을 느낄 때가 많다. 공관복음과 요한복음에 기술된 십자가를 지고 가는 그리스도에 대한 내용은 여러 시점에서 조명하듯 그 강조점이 다르다. 생각건대 십자가를 지고 갈보리 언덕을 가는 무리는 두 그룹으로 뚜렷이 대비되었을 것이다. 하나는 십자가를 지신 예수님과 그를 위해 안타깝게 기도하는 무리일 것이며, 이와 반대로 이 모습을 증오와 격정으로 지켜보는 이들이다. 이 양면의 특성을 보스는 작가 특유의 상상력으로 화면에 재구성했다.

　우선 화면에는 예수님과 성녀 베로니카를 포함해 열여덟 명의 얼굴이 빽빽이 등장한다. 대각선 구도의 정중앙에 세운 예수님을 둘러싼 분위기는 살기가 등등하지만 그리스도의 표정은 너무도 조용해 이미 죽음을 이겨낸 승자의 모습이다. 고함과 욕설에도 이미 초연한 듯하고, 사람의 소리를 들으려는 것이 아니라 하나님과 영혼을 교감하고 있는 듯하다. 창백하지만, 너무도 조용한 베로니카는 엷은 미소까

「십자가를 지고 가는 그리스도」 부분

지 머금고 있고 머리에 쓴 보닛 뒷머리에 내려뜨린 장식 줄은 한가롭기까지 하다.

반면 도둑, 군인, 랍비, 유대 바리새인 들의 얼굴은 추악한 괴물같이 악마의 가면을 쓰고 미워하기 경쟁이라도 벌이고 있는 듯하다. 눈은 툭 튀어나오거나 증오로 가느다랗게 떨리고, 턱은 주먹처럼 굳어 있으며, 입은 모두 증오를 토하는 듯 벌리거나 굳게 다물고 있다. 이빨은 악마처럼 튀어나와 마귀를 방불케 한다. 오른쪽 아래에 나쁜 도둑을 중심으로 둘러싼 작은 무리나 오른쪽 위 선한 도둑 옆에 있는 랍비와 수도승 모두의 표정이 별반 다르지 않다. 예수님 주변 인간들은 더욱 혹독하게 그리스도를 힐난하느라고 제정신을 잃고 있는 것 같다.

서구에서도 관상학이 오래 지속된 전통이었던 것으로 보아, 보스도 그 지역에서 보편화된 관상에 대한 지식을 반영해 이 그림을 그렸을 개연성이 많다. 당대 서양에서는 눈이 작거나 둥근 사람을 악하거나 교활하다고 여겨왔고, 빨간 머리는 심술궂으며, 검은 머리는 소심한 재간둥이라고 규정했다고 한다.

✝

{ 미움을
극복하는 방법 }

우리는 누구도 미워할 권리가 없으며 자랑할 것이 아무것도 없다. 그러나 이 장
의 그림에 등장한 이들은 모든 것을 남의 탓으로만 돌리고 있기에 저런 증오와
미움이 드러날 수밖에 없는 것 같다. 가끔 증오는 어디서 오며 그것은 인간의
의지와 무관한 것인지 아니면 의지로 통제할 수 있는지 의문스러울 때가 있다.
만약 증오조차도 의지로 다스릴 수 있다면 우리는 최후 소망을 결국 '선한 의
지'에 걸 수밖에 없다는 생각이 든다.

　선한 의지란 공격적이거나 전투적이지는 못하지만 지속적인 싸움을 위한 하
나님의 장치다. 여기에 하나님의 은총이 함께한다면 자신과 세상을 변화시킬
수 있는 엄청난 힘의 원천이 될 것이다.

십자가에 못 박힌 예수 I
극도의 고통을 통해 보여주는 큰 사랑

❋

그뤼네발트 「이젠하임 제단화」

역사와 예술이 이끼처럼 함께 묻어 있는 바젤은 언젠가는 꼭 가고 싶은 도시였다. 스위스에 위치한 그곳은 프랑스, 독일의 국경과 만나는 도시이기도 하다. 또한 내게 찌르는 듯한 충격을 주었던 화가 한스 홀바인의 「무덤 속 죽은 그리스도의 시신」을 소장한 바젤 미술관이 바로 거기에 있고, 문명사학자 야코프 부르크하르트가 가르쳤던 바젤 대학 역시 그곳에 있기 때문이다.

중세 속 이젠하임으로

바젤을 떠나 북동쪽으로 한 시간 반 정도 가면 알사스 지역에 있는 콜마르라는 도시에 도달하게 된다. 지금은 프랑스에 속해 있지만 한때는 독일에 통합되기도 했던 인구 6만 명 정도의 이 도시는 아직도 중세의 건물과 거리, 교회 등이 그대로 남아 있어 중세 분위기를 물씬 풍기고 있다. 이곳의 운터린덴 미술관에 그 유명한 이젠하임 제단화가 장중하게 설치되어 있다. 내가 그 위치를 장황하리만큼 설명한 것은, 유명한 미술관만 왕왕 찾아 여행을 재촉하다 보면 비교적 변경에 있는 이런 곳은 가보기가 쉽지 않은데 일부러라도 꼭 바젤과 콜마르를 들러보라고 권유하고 싶어서다.

원래 이 작품이 있었던 곳은 콜마르에서 20킬로미터쯤 떨어져 있는 이젠하임 마을의 성 안토니 수도원이었다. 이 수도원이 생기게 된 배경과 역사를 아는 것은 이 제단화의 성격과 내용을 이해하는 데 큰 도움이 될 것이다.

이젠하임에 기사단 영지가 생긴 것은 13세기 동안이었고, 여기에 성 안토니의 추종자들이 수도원을 세운 것은 1300년이었다. 이곳은 순례자들과 백각병(중세에 엄청난 재앙으로 여겨진 이 병은 배가 공처럼 부풀어 오르고 팔다리가 썩는 등 증상이 극심했다. 이 병은 또한 '성 안토니의 불'이라고도 불린다)에 걸려 고통 받는 사람들이 성 안토니의 성물을 경배하기 위해 찾아왔던 곳으로, 그들이 바친 헌금으로 수도원은 크게 번창했다. 이러한 풍족한 재정을 바탕으로 수도원은 그뤼네발트Matthias Grünewald, ?1470-1528에게 이 거대한 제단화를 주문할 수 있었고 그는 3년에 걸쳐 이 그림을 완성했다.

성 안토니를 소재로 한 제단화와 조각

환자들이 성 안토니?251/2-356의 성물을 찾아 경배하러 오는 데는 그럴 만한 이유가 있다. 이집트 출신으로 알려진 그는 은둔과 극기의 생활을 위해 사막으로 들어갔고 그와 뜻을 같이하는 사람들이 그 주변에 모여들었다. 그래서 그는 결코 수도원을 설립한 적이 없었지만 사실상 수도원 설립자가 된 셈이다.

성 안토니가 사막에서 유혹에 끊임없이 시달렸던 것은 널리 알려져 있다. 하나는 유인원에 가까운 동물들이나 공포스러운 괴물들의 환영이 그를 끊임없이 공격하는 것이고, 다른 하나는 여성들의 유혹이었다. 그럼에도 성 안토니는 금욕 생활을 이어가며 나이 90세에도 먼 곳에서 은둔생활을 하고 있던 성 바울?230-342을 방문했을 뿐 아니라 그가 세상을 떠났을 때는 장례까지 치러준 것으로 알려져 있다.

성 안토니와 깊은 관계를 맺고 있는 이젠하임 제단화는 크게 3부작으로 이루어져 있는데 1부작은 여기서 설명하고자 하는 「십자가에 못 박힌 예수」다. 2부작은

「십자가에 못 박힌 예수」(이젠하임 제단화 1부작)
그뤼네발트, 1512~15년, 콜마르 운터린덴 미술관

콜마르 운터린덴 수도원 전경

「천사들의 음악 연주와 예수님 탄생」 그림이 중심이고, 3부작은 조각과 그림으로 이루어져 있는데 중심부에는 「성 안토니 조각」이 위치해 있으며, 좌우 패널 그림으로는 성 안토니의 바울 방문과 그가 유혹받던 장면이 배치되어 있다.

현재 이 제단화가 설치되어 있는 곳은 1250년 무렵에 지금의 콜마르에 설립된 운터린덴 수도원으로 이는 1792년 프랑스혁명으로 폐쇄되었다. 그러다가 1853년에 '운터린덴 미술관'이란 이름으로 다시 개관했는데, 이 제단화가 1852년 이젠하임에서 이곳에 옮겨져 설치되었다. 여전히 이 그림이 이젠하임 제단화라 불리는 까닭이다. 지금도 갈색 쑥돌로 지은 이 육중한 건물은 이들 제단화를 전시하는 데 아주 적절한 분위기를 자아내고 있다.

「천사들의 음악 연주와 예수님의 탄생」(이젠하임 제단화 2부작)

「성 안토니의 바울 방문」·「성 안토니 조각」·「유혹받는 성 안토니」(이젠하임 제단화 3부작)

십자가의 고통

　　　　　「십자가에 못 박힌 예수」의 화면 중앙에는 가장 크게 고통과 죽음의 기색이 역력한 그리스도가 십자가에 못 박혀 있고, 이를 중심으로 화면은 양쪽으로 나뉜다. 왼쪽에는 흰 옷을 입은 성모 마리아가 기절한 듯이 쓰러지는데, 이를 붉은 옷을 입은 사도 요한이 급히 부축하고 있다. 땅에 꿇어앉은 막달라 마리아는 비통의 절망 가운데에도 두 손을 허공에 모아 탄원하듯 간구하고 있지만 길고 아름다운 머리칼은 슬픔으로 거칠게 흐트러져 있다. 이 여인의 무릎 옆에 놓인 향유병에 쓰인 '1515'라는 숫자는 이 작품의 완성 연대를 알게 한다.

　그리스도의 오른쪽에는 당당하고 건장한 세례 요한이 그리스도를 가리키며 서 있다. 그가 한 말은 입에서 나오듯 "illum oportet crescere, me autem minui"(그는 흥해야겠고 나는 쇠하여야 하리라, 요 3:30)라고 쓰여 있다. 그의 왼쪽 발등 곁에는 그리스도를 상징하는 어린 양이 십자가를 지고 목에서 흐르는 붉은 피를 성배 안에 받으며 서 있다. 이는 세례 요한이 요단강 둑 위를 걸어오는 예수님을 향하여 "(……) 보라 세상 죄를 지고 가는 하나님의 어린양이로다"(요 1:29)라고 한 것을 상징적으로 설명한다.

　예수 그리스도가 십자가에 못 박히기 3년 전에 처형당한 세례 요한이 이 장소에 등장한 것은 시간상 맞지 않는다. 하지만 그뤼네발트는 이를 통해 구약의 예언과 신약의 성취 사이를 연결하는 중대한 의미를 세례 요한에게 부여하고 있다. 또 등장인물의 크기를 각각 다르게 그렸는데 이는 화가가 인물의 중요성을 다르게 판단했기 때문으로 보인다.

　이 그림의 가장 큰 특징은 무엇보다 예수 그리스도의 죽음에 대해 사실적인 느껌까지 들도록 참혹함을 그대로 드러낸다는 데 있다. 십자가 형벌의 가혹함은 그 위에 매달리기 전까지 거의 죽음에 가까울 정도로 매질을 당하는 데 있다. 이 작품을 보면 몸 곳곳에 빼놓을 틈 없이 상처가 나 있고, 가시가 박혀 있는 것으로 보아 예수님이 가시매질을 수없이 당했음을 말해준다. 그 잔혹함 때문에 십자가형은 313년 콘스탄티누스 대제가 폐지했지만, 인간에게 가해진 가장 잔인한 형벌 중 하나임에 틀림없다.

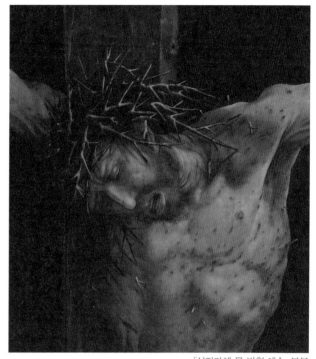

「십자가에 못 박힌 예수」 부분

　큰 못에 박힌 손의 손가락들은 아픔으로 나뭇가지처럼 마비되어 있으며, 두 발은 고통을 견디다 못해 뒤틀릴 대로 뒤틀려 피가 나고 있다. 아무것도 숨기지 않으려는 듯 몸을 가린 천 가리개조차 타격으로 찢기고 구멍 나 있으며 머리보다 훨씬 큰 가시관을 쓴 얼굴은 어깨까지 떨어져 있다. 마지막 죽음의 비탄으로 입이 아직도 열린 채 온몸은 시체 부식의 첫 단계라고 하는 녹색빛이 뚜렷하다.

　십자가상의 고통이 얼마나 가혹한가를 알기 위해 1930년 초 의사 바르베트 박

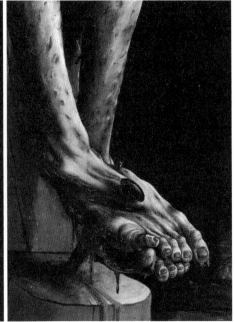

「십자가에 못 박힌 예수」 부분

사는 직접 실험해 책을 썼는데, 그 혹독함이 차마 읽기 어려울 정도라 한다. 그는 곧 절단된 손을 못 박아보기도 했고, 십자가형의 자세에서 신체의 긴장을 알기 위해 수술대를 책형할 때처럼 세워보기도 했다고 한다. 그는 매달린 몸은 팔에 매달린 몸통의 압력으로 허파가 눌려 서서히 질식해 죽어갈 수밖에 없다는 사실을 발견했다. 숨을 쉬려고 할수록 못 박힌 다리는 더 움직이게 되고 그럴수록 고통은 더하며 호흡은 더 어려워질 것이다.

이 고난의 효과를 극대화하려는 듯 그뤼네발트는 매우 자극적인 색을 쓰고 있다. 마리아의 창백한 흰 옷, 사도 요한과 세례 요한의 선명하게 드러난 붉은색 옷,

✝
명화로 만나는 성경

「십자가 책형」 피카소, 1930년, 파리 피카소 미술관

그리고 검고 무겁게 짓누르는 하늘과 그 사이 광야 같은 푸른 들녘이 그렇다.

　피카소도 이 그림을 소재로 여러 작품을 제작했는데 십자가상의 예수를 모두 인체의 큰 뼈들로 구성했고 그 색도 강렬한 노란색, 녹색, 붉은색으로 표현했던 것도 이런 이유에서인 것 같다.

✚
십자가에 못 박힌 예수 I

{ 고통 속에 담긴 사랑 }

나 자신이 제단화를 보며 가진 의문은 왜 그뤼네발트가 그토록 처참한 광경을 피해가지 않고 이토록 사실적으로 그렸을까 하는 질문이었다. 사실 그보다 1세기 이전에 살았던 화가 치마부에는 엄숙한 그리스도상을 그렸고 그뤼네발트와 동시대를 살았던 베네치아 화가 틴토레토조차 십자가 책형을 매우 극적으로 성스럽게 연출하고 있었다. 그럼에도 이젠하임 제단화가 이처럼 비극적으로 그려진 데는 마땅한 역사적 배경이 있었을 것 같다.

당대에는 스콜라 철학과 더불어 예수의 신성보다는 인성을 강조하는 경향이 서서히 나타나기 시작했다. 이로 인해 역사학자 르고프가 지적한 대로 그리스도의 고통스러운 수난상이 사실대로 묘사되고, 또 그만큼 십자가상의 수난이 더 많이 등장했다. 아무 고통 없이 평화롭고 신성하게 그려진 십자가의 예수상에 대해 민중 사이에 어딘가 거부감이 생기기 시작했을 것으로도 추측된다. 오히려 예수님이 고통 당하는 모습에서 신자들은 깊은 죄책감을 느끼고 강한 감정이입을 할 수 있었을 것이다. 더구나 당시 종교 개혁자들은 그림이나 조각품의 숭배를 바람직하지 않은 것으로 간주했고 취리히의 츠빙글리는 교회의 장식품들을 떼어 불사르기까지 했었다. 에라스무스 또한 그의 책『우신예찬』(1511)에서 종교적 조상彫像의 숭앙을 어리석고 미신적이라고까지 비난하는 분위기였다.

그뤼네발트는 이 고통스러운 장면을 통해 폭력에 대한 반대 입장을 강하게 드러내고자 했다. 만일 이 같은 고통이 아니었다면 예수는 인류의 모든 죄를 감당할 수 있었을까? 십자가의 고통이 그 어느 누구의 것보다 큰 것이었기에 예수님은 모든 인류의 죄를 용서해줄 수 있었을 것이다.

죄에서의 해방이 진정한 자유이고 이를 이룬 곳이 바로 하나님 나라다. 그 점에서 하나님 말씀과 함께 살면 일상에서 이미 우리는 하나님 나라에 들어가 있는 것이 아닐까.

십자가에 못 박힌 예수 Ⅱ
우리의 죄가
못 박히는 소리

✦

들라크루아 「십자가 위의 예수」

프 랑스혁명기의 화가 외젠 들라크루아_{Eugene Delacroix, 1798-1863}는 혁명 화가라는 이미지를 갖고 있다. 이는 그의 「민중을 이끄는 자유의 여신」이라는 작품이 워낙 유명하기 때문이다. 더구나 삼색기를 드높이 쳐든 여신 '마리안' 옆에 실크해 트를 높이 쓰고 두 손으로 장총을 굳건히 붙잡고 결의에 차 서 있는 인물이 바로 들라크루아 자신이다. 또 그가 태어난 해가 프랑스혁명이 발발(1789)한 지 9년 후였으니 그를 혁명둥이라고 불러도 될 것 같다.

이런 들라크루아가 신앙과 경건에 관심이 있어야만 가능했을 종교화나 신앙을 소재로 한 그림을 그렸다면 의아해할 일이다. 그것은 당대를 지배하는 시대정신의 주류가 비종교적이라 할 합리주의와 계몽사상으로 파도치고 있었기 때문이다.

근대정신은 중세적 종교와 사상 그리고 봉건적 제도와 권위에 대한 거부에서 시작되었다. 데카르트, 로크로 출발해 볼테르로 대표되는 이들 사상가들은 문제 해결의 요체를 신이나 계시나 권위에서 찾지 않았다. 오히려 이성과 자유, 자연과학으로 진리를 대치하고자 했다. 당대의 사조를 총체적으로 계몽주의라고 부르는 것은 잘 알려진 일이다.

이런 정신에 입각해 새로운 인민의 평등과 자유를 실현하고 이를 정치적 제도로 보장받고자 일어난 것이 프랑스혁명이다. 이는 실망과 좌절을 주기도 했지만 한번 시작된 도전은 이후 유럽 대륙을 뒤흔들었다. 물론 이성만 신뢰할 수 없었던 루소 같은 지성들은 감정을 우위에 두게 되고 이는 낭만주의의 길을 여는 토대가 되었다. 하지만 그들이 공통되게 거부하는 것은 신적인 권위였다.

이러한 계몽주의 시대의 아들인 들라크루아에게서 신앙과 이성 사이의 인간적 갈등이 발견되는 것은 어떠한 연유일까.

「민중을 이끄는 자유의 여신」 들라크루아, 1830년, 파리 루브르 박물관

지성과 인식의 틀 안에서 신의 존재를 받아들이다

들라크루아의 가족은 사회적으로 주도적 역할을 하는 부유한 집안이었다. 아버지는 네덜란드 등의 여러 나라에서 대사를 지냈으며, 형제 중에는 장군이 있고 누이는 전직 터키 대사의 부인이었다. 가정의 분위기는 합리적이고 지적인 문화에 푹 젖어 있었다. 그만큼 그는 프랑스혁명의 세속적 원리

에 익숙했을 것이다.

들라크루아는 계몽주의 사상가 대부분이 참여한 백과사전 학파들의 영향 아래 자랐다. 디드로의 논증적 무신론과 볼테르의 반교황·반교권주의 그리고 루소의 낭만적 범신론도 접하고 있었다고 한다. 그 자신이 데카르트적 논리에 따라 지성과 인식의 틀 안에서 신의 존재를 발견하려고 했던 것도 같은 맥락에서다.

그런데 죽음과 부활에 대한 데카르트의 자연 이성론에 공감하면서도 그는 고뇌하고 갈등했으며 이는 그의 일기장에 드러나 있다. "하나님이 존재하지 않는 일이 가능한가? 만일 우주가 우연히 만들어졌다면 양심은 무엇이며, 회개와 헌신은 무슨 의미가 있다는 말인가?" 그러면서도 하나님이 만들어놓은 인간의 의무를 온힘을 다해 믿을 수 있다면 우리의 의심과 주저함은 해소될 것이라고 대답하고 있다.

신의 부활과 죽은 후의 세계에 대한 고민은 늘 그를 압박하듯 괴롭혔다. 한편으로는 세상에 팽배하고 있는 불의와 폭력, 미움 들을 보면서 하나님의 사랑에 대해 의구심이 일어나는 것을 어쩔 수 없었다. 가난과 기아, 학살과 테러는 들라크루아가 아프리카 등을 여행하면서 다시 확인했던 비극이었다. 그러나 그는 세상을 떠나기 몇 개월 전인 1862년 10월 12일, 이렇게 쓰고 있다.

"하나님은 우리 안에 있고 그는 내적인 현존이다. 그는 아름다운 것을 칭송하게 하고, 우리가 바르게 행할 때 우리를 기쁘게 하며, 악한 자들의 그릇된 행복에 동참하지 않을 때 우리를 위로해주신다."

들라크루아, 신앙과 그림 작업을 일치시킨 마지막 예술가

바른 믿음을 갖기 위한 자기와의 계속된 싸움에도 불구하고, 들라크루아는 믿음을 소재로 한 작업을 계속해나갔다. 그의 작업은 영혼을 찾고자 하는 동기에서 출발했고, 그것은 하나님과 나눈 긴 여정의 대화였다. 그는 작업 과정을 통해 종교와 예술이 만나는 창조적 영감을 체험하고 있었다. 그리고 이전 시대 대가들의 종교화에서 많은 감동을 받고 있었다.

가톨릭 사제인 레이몽 레가메이는 들라크루아의 성경 소재 작품을 두 부류로 나누었다. 하나는 '초자연적인 신의 현시'에 관한 것이며, 다른 하나는 박해받은 성자들에 관한 것이었다. 전자는 하나님을 알고자 하는 것이며, 후자는 세례 요한이나 스데반 집사와 같은 순교자들을 통해 자신의 신앙을 의탁하려는 번민의 행적이 아닌가 싶다.

이러한 그의 태도 때문에 혹자는 들라크루아가 그리스도의 신적 모습보다 고통과 고뇌, 즉 인간적인 면을 더 부각했다고 비판한다. 그러나 당대를 살았던 보들레르는 그 이성 지배의 시대에 하나님의 존재에 정직하게 맞부딪히면서 대결했던 들라크루아의 신앙적 진지함에 주목해야 한다고 말하고 있다. 무엇보다 그는 종교를 거부하지 않고 성화 작업을 계속하고 있었다. 이는 하나님께 가까이 가려는 쉼 없는 자기 노력, 자기 성찰의 과정이라고 보아도 좋지 않을까.

들라크루아는 르네상스와 바로크 미술, 근대미술 사이의 징검다리를 놓는 전환기적 위치에 있었다. 렘브란트나 루벤스, 라파엘로 같은 거장들은 들라크루아와 같은 치열한 고민 없이도 성화에 접근할 수 있었다. 반면 들라크루아는 신앙과 그림 작업을 일치시키려는 마지막 예술가였는지 모른다.

들라크루아는 르네상스기의 대가들인 라파엘로와 티치아노, 루벤스, 렘브란트 등의 영향을 다양하게 받았다. 그러나 그들에게 없었던 새로운 색채와 표현주의적이며 인상파적인 요소도 새롭게 시도함으로써 근현대 미술의 단초를 열었다. 정도의 차이는 있지만 반 고흐, 세잔, 마티스, 칸딘스키 등이 들라크루아의 영향을 받았다. 들라크루아의 이 같은 다면적 얼굴이 들라크루아의 작품「십자가 위의 예수님」을 더욱 흥미롭게 만드는 이유다.

인류 역사상 가장 잔인한 십자가 책형

십자가에 못 박힌 예수님은 기독교 예술의 가장 보편적인 주제였고, 많은 상징 가운데 십자가 책형은 대표적인 기독교 상징이다. 십자가의 못 박힘은 네 명의 복음기록자 모두가 서술하고 있다.(마 27장, 막 15장, 눅 23장, 요 19장) 그중에 마가복음은 이렇게 서술하고 있다.

"예수를 끌고 골고다(번역하면 해골의 장소)에 이르러(15:22) 십자가에 못 박고 그 옷을 나눌 새 누가 어느 것을 얻을까 하여 제비를 뽑더라(15:24) 강도 둘을 예수와 함께 십자가에 못 박으니 하나는 그의 우편에, 하나는 좌편에 있더라(15:27) 그와 같이 대제사장들도 서기관들과 함께 희롱하여 서로 말하되 저가 남은 구원했으되 자기는 구원할 수 없도다(15:31) 제육시가 되매 온 땅에 어두움이 임하여 제구시까지 계속하더니(15:33) 제구시에 예수께서 크게 소리지르시되 엘리엘리 라마사박다니 하시니 이를 번역하면 나의 하나님 나의 하나님 어찌하여 나를 버리셨나이까하는 뜻이라(15:34) 예수께서 큰 소리를 지르시고 운명하시다. 이에 성소 휘장이 위로부터 아래까지 찢어져 둘이 되니라 예수를 향하여 섰던 백부장이 그렇게 운명하심을 보고 가로되 이 사람은 진실로 하나님의 아들이었다 하더라"(15:37~39)

십자가상의 죽음은 인간에게 우선 부끄러움이었다. 그래서 십자가 위의 예수님의 죽음은 그 사건이 일어난 지 400여 년이 지나도록 그림으로 그려지지 않았다. 3세기 무렵 어쩌다가 낙서 같은 그림이 그려지긴 했지만 그것은 하나님의 영광을 드러내기보다는 모독하려는 의도가 노골적으로 담겨져 있었다.

십자가형, 그것은 인류 역사상 가장 잔인하고 큰 죄목에 대한 형벌이었다. 고대 역사가 헤로도토스 등에 따르면 당시에는 아시리아인, 스키디아인, 페니키아인, 페르시아인들 사이에 여러 형태의 십자가형이 실행되었다. 이런 형벌이 알렉산더 대왕 시대로 이어졌고 특히 로마인들이 이를 받아 시행했다. 이는 노예나 로마 시민이 아닌 사람에게 적용되었으며, 국가 반역죄 같은 큰 죄를 저지른 경우 로마 시민권자에게도 가해졌다. 일례를 들면 베드로가 십자가형에 처해진 반면 시민권자인 바울은 참형을 당한 것에서 알 수 있다. 이 벌은 로마 통치에 반발하는 이국인들을 억압하는 수단으로도 동원되었는데, 티투스 황제 때 예루살렘 포위시 혹심하게 집행되었던 것이 두드러진 예다. 혹자는 유대법에 이 형벌이 명기된 것은 아니지만 신명기(신 21:22~23)에 나무에 달아 죽이는 것을 십자가형의 일종으로 보는 사람도 있다.

그리스도의 십자가형을 표현한 기독교 예술은 시대에 따라 변했다. 지금 남아 있는 것 중에서 가장 초기의 작품은 5세기와 6세기에 제작된 로마의 산타 사비나

「두 강도들 사이에 십자가에 못 박힌 예수」 루벤스, 1616~20년, 안트베르펜 왕립미술관

「십자가 처형」
5~6세기,
로마 산타 사비나 성당

「십자가 책형을 다룬
상아 부조」
런던 영국 박물관

성당 문에 새겨진 십자가상과 영국 박물관에 보관중인 상아 돋음새김이다. 앞의 것에는 두 명의 도둑 사이에 예수님이 못 박히고 등 뒤에는 예루살렘을 상징하는 집 조형물이 새겨져 있다. 상아 부조의 경우는 십자가상의 예수님 머리 위에 'REX IVD'(나사렛 예수, 유대의 왕)라고 새겨져 있고 예수님 왼쪽에는 마리아와 요한을, 오른쪽에는 백부장을 새겨 넣었다. 이들 두 조형물 모두 예수님이 십자가에 매달려 있다기보다 등지고 서 있는 듯한 자세에, 허리에 옷을 짧게 두르고 있다. 대못은 네 개를 박고 있는데 발을 포개 한 못으로 처리한 것이 아니라 각각의 발에 못을 박았다. 전체 이미지는 죽음이나 고통을 강조하기보다는 죽음에 대한 승리를 강조하고 있다. 이 조상들은 예수님의 십자가상의 죽음보다는 십자가 처형의 전체 진행과 관계가 있다.

초기 십자가화의 특징은 예수님 혼자 매달린 십자가상이 아니다. 3차원적인 독자의 입체 형상은 우상숭배라 하여 비판의 대상이 되어 비잔틴 지역에서 거의 볼 수 없었다. 이것이 예수님 홀로 십자가 처형을 받는 장면이 훨씬 뒤에 등장하게 된 이유다. 6세기 이후 비잔틴 예수상에서 크게 달라진 것은 긴 옷을 걸친 죽은 예수상이다. 눈은 감겨 있고, 머리는 숙여져 있으며 몸은 눈에 띄게 처져 있었다.

시대에 따른 십자가상의 변화

10세기가 되면서 동방과 서방에서는 두 가지 유형의 십자가상이 전개되었다. '승리의 그리스도'와 '인고하는 그리스도'상이다. 앞의 것은 이탈리아에서, 후자의 경우는 독일 등 북부 유럽 중심으로 나타났다. 그러나

「십자가 위의 그리스도」 만테냐. 1457~59년. 파리 루브르 박물관

13세기 초부터 프란치스코 교단의 구원의 신비성이 강조되면서 인고의 그리스도상이 더 보편화했다. Y자 나무 형태의 십자가상은 1300년 무렵 쾰른이나 프라이자크 지방에 등장하는데 이세의 나무 계보(다윗 아버지에서 예수까지의 계보를 나타낸 나뭇가지 모양 그림)와 연계되어 등장했다.

'십자가상의 그리스도'화에 등장한 인원수도 변화를 겪었다. 르네상스기와 바로크 시대의 변화를 대별하면 세 부류로 나눌 수 있을 것 같다. 하나는 예수님을 마리아와 요한이 둘러싸고 있는 비교적 단출한 구성이다. 다음은 사람의 수가 몇 늘

「십자가에 못 박힌 예수」 틴토레토, 1565년, 베네치아 산 로코 대신도 회당

어나고 앞서의 사람 외에 병사들이 등장하거나 작품 주문자나 그 가족이 함께 그려지는 경우다. 마지막으로 군중이 십자가 주변에 모이는 경우로 이때는 사람들에묻혀 예수님도 그들 중의 한 사람처럼 별다른 주목을 받지 못하고 있다.

로마네스크 때는 비교적 여러 사람이 등장한 반면 고딕 시대에는 사람이 적어단출한 구성이었다. 르네상스기 후대의 작가들은 만테냐가 그랬듯이 등장인물들을 크게 늘렸는데 백부장, 제비 뽑는 병사 외에 구경꾼들도 그림에 등장시켰다. 르네상스기 그리스도 책형 그림의 또 다른 특징은 십자가상의 예수님 뒤에는 넓은산천의 풍경이 펼쳐지고, 그 뒤로 멀리 예루살렘이 보인다는 점이다.

16,17세기의 작품에는 표정과 감정이 적극적으로 표현돼 있다. 독일 지역의 경우

「십자가 위의 그리스도」, 마사초, 1426년, 나폴리 카포디몬테 국립 미술관

「십자가에 못 박힌 예수」
루벤스, 1610~11년,
안트베르펜 왕립미술관

그뤼네발트의 이젠하임 제단화에서 나타난 그리스도의 고통이 보여주듯 예수님의 인간적인 면을 뚜렷이 부각했다. 반면 당대 이탈리아의 것은 감정과 표정이 훨씬 절제되어 있고, 고통스러워하는 인간적 모습보다는 이상화된 영원성이라는 신적 요소가 더 우세했다.

스페인에서는 반종교개혁의 분위기에 따라 예수님이 홀로 계신 다양한 색깔의 십자가상이 발전했다. 재미있는 것은 예수님상에서 대못을 세 개 사용할 것인지 네 개 사용할 것인지 논쟁이 있었다는 점이다. 각자의 주장이 있었으나 끝내는 예술가의 분별력에 맡기는 것으로 낙찰되었다.

1603년 발행의 한 주문서에 따르면 주문자의 필요와 입장에 따라 십자가 책형의 세부적인 내용을 주문하기도 했던 것 같다. 예를 들면 예수님을 살아 있게 그려달라든지, 그럴 경우 눈은 감지 않고 뜨고 있어야 한다는 등의 주문이었다. 이런 장면이라면 옆구리는 창에 찔려 피가 흐르지 않는 상태여야 한다. 왜냐하면 옆구리의 창상은 그리스도께서 운명한 다음에 난 것이기 때문이다.

16,17세기에 들면서 뒤러의 죽은 그리스도상이나, 또 엘 그레코의 살아 있는 그리스도상에서 볼 수 있듯 화가들은 각각의 길을 갔던 것 같다. 가톨릭의 경우 반종교개혁을 전개하는 시기에 처형장에 많은 인물들을 배치해 그리는 것은 예수님에 대한 관심을 떨어뜨린다는 이유로 그 숫자를 줄이는 경향이었다. 십자가상을 그리는 대표적인 화가는 틴토레토와 루벤스였고 동판화의 경우 렘브란트가 주도적리더였다. 이들은 당대와 후대인들에게 전형이 되었고 다양하게 영향을 미쳤다. 들라크루아도 예외는 아니었다.

✚
명화로 만나는 성경

들라크루아가 표현한 숭고한 성스러움

들라크루아는 "그림의 통일을 이루는 데는 색깔만으로 충분하다"라고 할 정도로 색을 우선시했다.

색채의 중첩된 붓질로 숭고하면서도 몽환적인 느낌이 그림에 흐른다. 들라크루아가 배경으로 자주 사용하는 하늘이 그런 느낌을 주기에 하늘만 보면 그림이 미완성처럼 느껴질 때도 있다.

들라크루아는 그의 후반 인생에서 성경 속의 사건을 자주 그렸고 십자가상의 예수님 죽음을 소재로 하여 파스텔화, 유화, 드로잉 등 다양한 재료로 수없이 그렸다. 그가 특별히 이 주제에 집착한 것은 그리스도가 당하는 고통 때문이었고 이를 깊이 탐색해 들어가고 싶었던 것으로 보인다.

우선 이 「십자가 위의 예수」는 예수님의 등 뒤로 하늘을 배경으로 한 드넓은 공간이 펼쳐진다. 분명히 십자가형이 집행되는 장소인데도 예수님 몸이 위아래 양편으로 화면을 가르면서 마치 예수님 혼자인 듯이 서 있다. 예수님은 죽으셨지만 몸은 빛처럼 섬광을 발하고 흰 빛에 가깝게 선명하다. 응고된 핏자국에도 불구하고 죽음의 고통이 지나간 듯 몸은 평안한 듯하다. 인간적 죽음의 고통이 지난 다음 예수님 시신에는 이미 신성이 깃든 것일까. 얼굴은 실루엣으로 어둡게 처리되어 표정은 알아보기 힘들지만 그 분위기는 경건을 넘어 숭고한 성스러움이 어려 있다.

왼쪽 아래에는 말 탄 병사가 자신이 하고 있는 일이 무엇인지 모르는 듯 맹목적으로 서 있다. 반면 오른쪽의 성모 마리아는 혼절하듯 쓰러지고 있는데 이를 붙드는 사람들이 힘겨워 보인다. 애통해하며 참회하는 막달라 마리아는 십자가 아래에서 몸을 가누지 못하고 있다. 조용히 침묵 속에 깊이 침잠해 있는 예수님, 가장 힘

「십자가 위의 예수」 들라크루아, 1853년, 런던 내셔널 갤러리

이 있는 듯하지만 가장 무력한 병사, 그리고 드라마 같은 오른편의 역동성이 이 화면을 삼분한다. 그러나 그림 전체의 분위기는 더 큰 일이 벌어질 듯 폭풍전야처럼 긴장의 절정에 이르러 있다.

들라크루아가 루벤스에게 큰 영향을 받았음을 고려하면 이 그림은 루벤스의 「두 강도들 사이에 십자가에 못 박힌 예수」(241쪽 그림)에서 영감을 얻은 것 같다. 그는 1850년에 두 번째로 안트베르펜을 방문했을 때 그 그림의 특별한 인물들과 배치, 역동적인 효과와 깊이에 크게 감명 받았다. 그뿐 아니라 이 그림에는 르네상스 이후, 바로크 시대에 이르기까지 대가들의 성화가 갖는 여러 특성이 종합적으로 구현돼 있다. 그러나 거기에서 들라크루아가 표현한 창의성은 그의 공로로 돌려야 한다.

{ 십자가 아래 있는 인간들의 죄 }

"예수 그리스도의 죽음은 항상 부활의 기쁨과 함께 생각해야 한다"라는 웬디 수녀의 말이 생각난다. 하지만 예수님의 십자가상의 죽음은 현실에서는 패배였다. 우리가 소망을 갖는 것은 이 부분에서다. 이 세상의 패배가 저 세상의 패배만은 아니라는 데서 위로를 얻는 것이다. 하나님은 승리와 성공을 원하는 것이 아니고 당신 계획의 실행을 바란다. 그래서 패한 자라고 해서 모두 실패자는 아니다. 어쩌면 예수님은 패자의 하나님이시다. 그런데 오늘의 세태는 승자만 되길 바라고 있다. 그러기에 십자가는 죄로 얼룩져 보인다. 그것은 우리 죄의 반사경이다.

예수님이 십자가에서 죽어가고 있는 동안 인간들은 자신들의 부끄러운 모습을 적나라하게 보여주고 있다. 살릴 수 있는 길이 있는데도, 그를 못 박으라고 증오스럽게 외치고 있었다. 한 인간이 생사의 기로에서 목마름과 아픔 속에 죽어가고 있는데, 냉소적이고 미움에 찬 목소리로, 세상을 구한다는 자가 왜 자기를 못 구하느냐고 비아냥거렸다. 한 생명이 죽어가고 있는데 거기에는 관심이 없고 그의 옷을 갖기 위해 제비뽑기를 하고 있다. 우리는 저들과 다른가. 조금도 다른 것 같지 않다. 십자가 아래 있는 그들 중 한 사람이 바로 나다. 다만 그곳에 있지 않았을 뿐이다.

우리는 스스로 의식하지 못하는 사이에 이런 엄청난 죄를 매일 범하고 있는지 모른다. "나는 죄를 지은 적이 없다, 나는 다르다, 오히려 당신들이 위선자다"라고 항의하는 사람이 분명히 있을 것이다. 그러나 구걸하는 이를 차가운 눈으로 바라본 적이 있다면 그가 죄 없다고 말할 수 있을까? 무의식 중에 던진 말 한마디가 어떤 이의 가슴에 못을 박는다면, 그 말을 한 사람은 잊었더라도 아무 일도 없었다고 말하기는 어렵다. 예수님이 그토록 가까이했던 장애인, 눈먼 자, 창녀, 과부, 가난한 자, 병든 자들을 대할 때 우리에게는 아무런 책임이 없는 것인지 자문해본다.

예수님의 몸에 못 박은 소리는 우리의 죄를 못 박는 소리다.

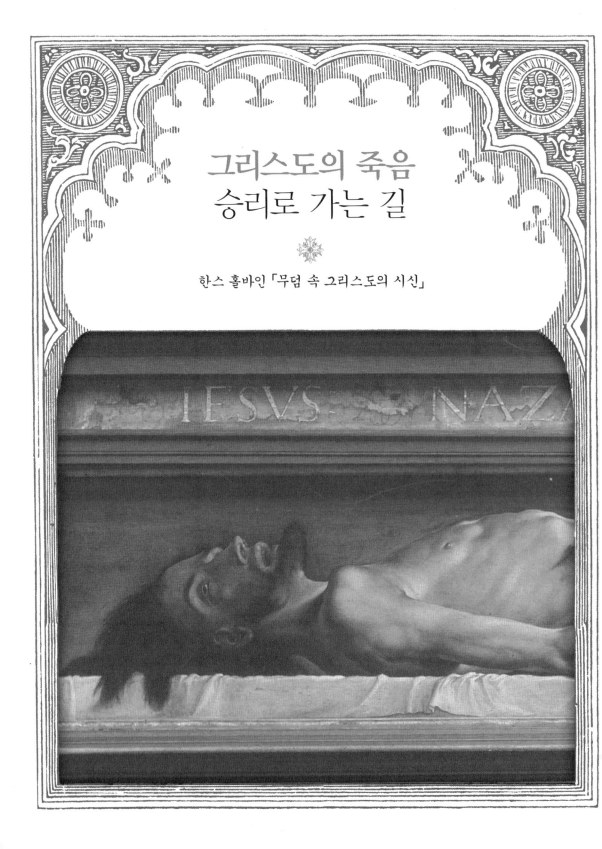

그리스도의 죽음
승리로 가는 길

✳

한스 홀바인 「무덤 속 그리스도의 시신」

예수의 죽음을 소재로 한 그림들이 여럿 있지만, 앞에서도 잠깐 소개했듯 「무덤 속 그리스도의 시신」을 화집에서 보는 순간 그 자체로 큰 충격이었다. 마치 서늘한 기운이 온몸을 휘감은 듯 닭살이 돋을 지경이었다. 언젠가 직접 작품을 보아야겠다고 줄곧 별러오다가 소장처인 스위스의 바젤 미술관을 찾은 것은 겨우 몇 년 전의 일이었다. 바젤에는 이 외에도 홀바인Hans Holbein, 1497/8-1543의 작품이 여러 점 있는데, 이는 바젤에서의 삶이 그의 예술 인생에 큰 비중을 차지하고 있음을 실증적으로 말해준다.

원래 홀바인의 출생지는 바젤에서 별로 멀지 않은 독일 남부의 아우구스부르크였다. 아우구스부르크는 잘 알려져 있듯 로마 시대부터 번창해온 부유한 도시이고, 루터의 종교개혁 후에는 제후에게 종교를 선택할 자유를 준다는 내용의 아우구스부르크 종교회의(1555)가 이루어진 곳이다.

홀바인이 바젤로 옮겨온 것은 그의 나이 17~18세 때로, 그동안에는 역시 화가이며 같은 이름을 가진 아버지의 공방에서 두 형과 함께 도제 수업을 받았다. 프랑크푸르트, 이젠하임, 바젤 등에서 일하는 아버지를 따라 이곳저곳을 옮기며 그림을 배웠다. 그는 10대 초반의 나이에 그의 아버지도 참여했던 이젠하임 제단화를 볼 기회를 접했다.

어린 시절, 참담하게 고통 당하는 그리스도상에서 받은 깊은 감명이 훗날 그가 무덤 속 예수의 시신을 이토록 충일한 사실감으로 그리게 한 계기 중의 하나가 되었을 것이다. 바젤에서 이젠하임이나, 지금 제단화가 설치되어 있는 프랑스의 콜마르까지는 직선 거리로 70킬로미터를 넘지 않아 서로 영향을 미칠 수 있는 지역이다. 바젤을 방문하는 길에 내가 콜마르를 찾았던 것도 이러한 사연과 관계가 있다.

변화를 타고 화가로서 길을 간 홀바인

1515년, 바젤에 옮겨 온 홀바인은 장인들의 조합인 길드에 가입할 수 있었고, 그의 타고난 재능과 성실함은 곧 인정을 받게 된다. 홀바인은 이듬해 20세가 되기도 전에 새로 선출된 바젤 시장 야코프 부부의 초상화를 그렸고, 특히 당대 유럽 최고의 인문주의자인 에라스무스의 저서 『우신예찬』의 삽화를 그린 것은 특별한 인연이었다. 유럽 제1의 출판 도시로 떠오르고 있던 바젤이 그에게 새로운 기회를 제공한 셈이다. 그는 제단화, 초상화, 스테인드글라스화 등 여러 그림을 그렸지만, 인쇄하는 책의 삽화를 그리게 된 것은 그 자신뿐 아니라 화가들의 활동 영역을 크게 넓혀주는 새로운 계기가 되었다.

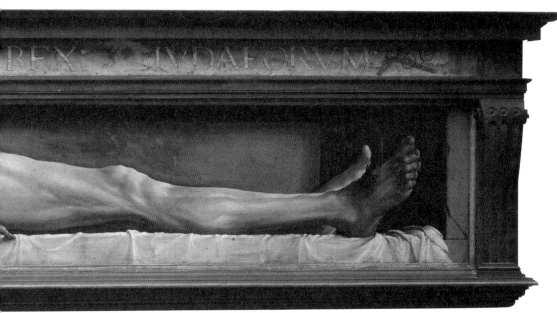

「무덤 속 그리스도의 시신」 한스 홀바인, 1521~22년, 바젤 미술관

그보다 서른 살이나 많았던 에라스무스는 홀바인을 지성인보다 재능이 탁월한 장인으로 대하는 경향이었다. 하지만 에라스무스의 사상이 작품에도 드러나고 있을 정도로 큰 영향을 받았으며, 홀바인이 영국으로 갈 수 있었던 것도 에라스무스의 도움 덕분이었다.

홀바인이 「무덤 속 그리스도의 시신」을 그린 것이 1521~22년 사이였고, 그가 에라스무스의 첫 초상화를 그린 것은 1523년이다. 하지만 이보다 훨씬 전에 홀바인이 에라스무스 저서들의 삽화를 그리면서 그의 책들을 충분히 읽었으리라 짐작된다.

에라스무스는 비록 루터의 종교개혁에는 참여하지 않고 가톨릭에 남아 있었지만 당대 타락한 교회의 어리석음을 누구보다도 신랄하게 비판하고 있었다. 예수를

그린 그림의 경우도 이탈리아식으로 고통 없이 평온하게 이상화된 모습에 강한 거부감을 갖고 있었을 것이다. 홀바인 또한 에라스무스의 영향을 받아 진솔한 인간 예수의 모습을 있는 그대로 살려 내고 싶은 강한 충동을 가졌을 것이다.

이미 유럽이 종교개혁으로 크게 출렁이고 있을 때인 1522년 비텐베르크에서, 그리고 이듬해 취리히에서 교회의 그림과 성상, 스테인드글라스 등을 파괴하는 난동이 발생했다. 이들 개혁자들에게 하나님은 본질상 도저히 그림으로 묘사할 수 없는 분이었다. 성상화를 비롯한 성물들은 하나님의 영광을 드러내는 것이 아니라 오히려 가진 자들의 부와 사회적 지위를 과시해 드러내는 하나의 수단에 불과하다는 비난이었다. 물론 이를 방어하는 편에서는 문맹이 대부분인 시절 성화가 문자의 역할을 하며, 숭배하는 것은 조형물 자체가 아니라 그것을 넘어선 의미라고 주장했다.

곰브리치가 지적한 대로 이제 유럽은 성화의 존립 여부를 두고 심각한 위기를 맞이하게 되었다. 더구나 경제적인 부와 정치적 자율성, 교육의 중심지이자 지성인들의 집합처이며, 출판문화가 활성화되어 있던 바젤은 결과적으로 종교개혁 사상을 전파하는 중심 도시가 되어 있었다. 이런 여파로 1526년까지 홀바인 자신도 일거리를 찾을 수 없을 만큼 바젤에서는 예술이 사라져버리고 말았다.

홀바인은 이를 타개하려고 에라스무스의 추천장을 받아 영국에 건너가 2년여 동안 머무르면서 지배층 인사들과 교유했다(에라스무스는 같은 인문주의 학자인 토머스 모어 경과 막역한 사이였는데, 홀바인에 대한 추천장도 그에게 보냈을 것으로 추측된다. 홀바인이 그 집에 머물렀다는 것은 모어 경의 초상화와 그 가족들을 그린 그림으로 알 수 있다). 그 뒤 대륙에 돌아왔지만 1534년 무렵에는 헨리 8세(재위 1509~47)의 전임 궁정화가가 되어 영국에 영주하게 되었다. 그 때문에 그가 사망한 1543년까지 10여 년 동안 헨리 8세와 그 비련의 왕비들 그리고 토머스 크롬웰을 비롯한 다수 인사들의 초상화를 남길 수 있었다. 물론 궁정화가란 단순히 그림만 그리는 것이 아니요, 보석이나 가구, 연극 의상, 무기나 술잔 디자인, 또는 실내 장식까지도 해야 했다.

죽은 그리스도의 시신

홀바인은 무덤에 누운 그리스도를 그리는 데 다른 인물이나 장치의 도움을 받지 않는다. 세로 30.5센티미터, 가로 2미터짜리 긴 화폭에 일직선으로 굳은 시신을 눕혔는데, 그 아래에는 세마포가 깔린 지지대가 있을 뿐이다. 한마디로 뻣뻣이 누운 시체가 화면을 가득 채우고 있다. 눈은 멍하니 뜬 채로 정지되어 있고, 입은 열린 채로 숨을 멈췄다. 그리고 그 산발한 듯한 머리와 수염은 살아서 길게 자랄 것 같다. 시퍼렇게 변한 굳은 손등 위에 못 박힌 흔적이 뚜렷하고, 발도 검게 타 있는데, 발목 밑의 못 자국은 이미 썩어 들어가고 있다. 참담하게, 영락없이 버려진 보통 사람으로 보이는데 옆구리의 창 찔린 흔적과 손과 발의 못 자국만이 그가 예수님임을 확인시켜준다. 그래도 미심쩍었는지 화가는 관 위쪽에 '유대의 왕 나사렛 예수'라고 새겨놓았다. 거기에 절제된 색이 긴장감을 더해준다.

이 그림이 얼마나 충격적이었는지는 도스토옙스키의 예화에서 드러난다. 1867년 바젤에 온 그가 그림을 보는 순간 한참 동안 말을 잃고, 간질 발작 증세를 보여 그의 부인이 황급히 데리고 나왔다는 이야기다. 그 뒤 그는 자신의 소설 『백치』에서 그때의 참혹한 심정을 주인공의 입을 통해 전하고 있다. 그 그림을 본 사람들은 끔

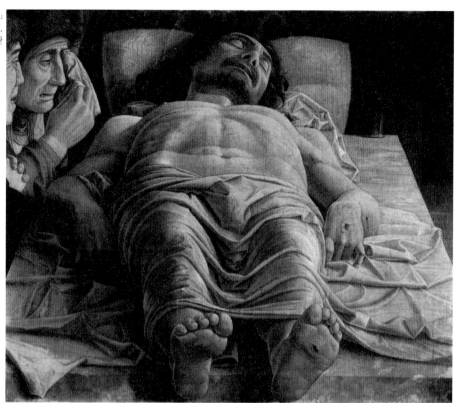

「죽은 그리스도」
만테냐, 1480년경,
밀라노 브레라 미술관

「그리스도의 매장」
티치아노, 1559년,
마드리드 프라도 미술관

찍한 구속자의 모습으로 인해 신앙을 버리게 될지도 모른다는 염려였다.

이 때문인지 홀바인이 무신론자였을 것이라는 주장들이 심심찮게 제기되고 있다. 나는 그런 해석에 반대한다. 물론 무신론자가 보면 자기 자신도 구원 못하는 예수 그리스도를 조롱할지 모른다. 그러나 믿음의 눈으로 보면 그 참담함에 담긴 한없는 경건과 경외를 느낄 수 있다. 우리의 악한 죄를 모두 짊어지고 주검으로 누워 있는 그리스도의 모습이 이 정도라면 오히려 우아한 승리자의 모습이 아닌가.

죽음은 남의 이야기가 아닌 바로 자기의 일이다. 엄숙한 리얼리티 앞에서 그림자와 같은 인생의 본질과 누구도 피할 수 없는 죽음의 필연성을 생각게 한다는 점에서 이 작품은 동정을 불러일으키기보다, 공격적인 도발이다. 한 알의 씨앗이 썩어 죽는 데서 생명이 솟아나고(요 12:24) 절망의 어둠에서 소망의 빛이 더욱 찬란하듯이, 그리스도의 죽음은 오히려 부활의 승리로 가는 통로처럼 보인다. 살아 계실 때 고통 받고 소외 받은 죄인과 세리, 문둥병자, 창녀, 강도 들과 같이하셨던 그리스도께서는 그의 죽음에서도 가장 큰 평등을 실현시키고 있다.

{ 내려놓음 }

깊이를 가늠조차 할 수 없는 깊디깊은 적막의 고독! 추한 몰골에서 직선적인 미감이 느껴지는 것은 홀바인이 무신론자이기 때문이 아니라 그의 천재적 역량에 대한 자신감 덕분이리라.

    자기를 줌으로써 받고,
    자기를 잊음으로써 찾으며,
    용서함으로써 용서 받고,
    죽음으로써 영생으로 부활하리니
    _성 프란치스코의 기도 중에서

하늘만 쳐다봐도 눈물이 날 때가 있다. 햇빛이 가득한 정적의 골목길을 가노라면 그곳에 가득한 하나님의 사랑을 느낄 수 있다. 우리는 악인도 선인도 아닌 죄인이다. 죄의 그늘에서 해방되고, 모든 고통과 삶의 무거운 짐, 불확실성들을 저 제단 위의 예수님처럼 모두 내려놓고 싶다. 죽음을 이겨낼 수 있으면 집착할 소유란 아무것도 없는 것이 아닐까.

막달라 마리아
대죄인이 받은
가장 큰 사랑

루벤스 「그리스도와 막달라 마리아」

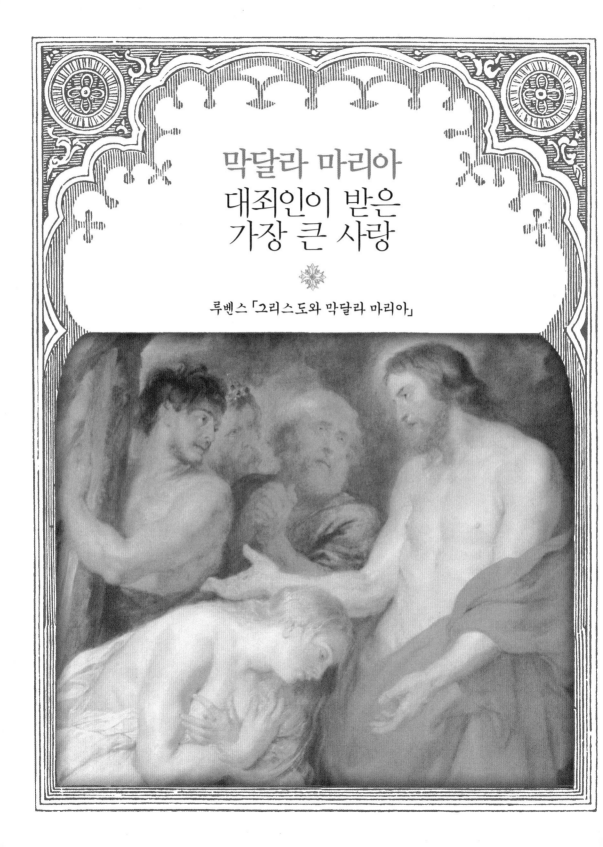

옥스퍼드는 역사 깊은 칼리지들이 모여 하나의 대학 도시를 이루고 있다. 이들 중에 가장 아름다운 칼리지를 꼽으라고 한다면 아마 '모들린 칼리지Magdalene College'가 꼭 포함될 것이다. 더구나 처웰 강가에 우뚝 솟은 대학의 탑은 그 상징처럼 수많은 사람들의 기억에 살아남아 있을 것이다. 옥스퍼드에 머무르는 동안 그곳을 방문하거나 지날 때마다 내겐 떠오르는 사람이 꼭 있었다. 숙명의 여인이라 할 막달라 마리아다. 어떤 사연인지 모르나 영국에서는 막달라를 '모들인Mawdleyn'이라고 부른다.

신비로운 수수께끼, 막달라 마리아

솔직히 막달라 마리아는 내게 좀 신비스럽고 수수께끼 같은 느낌마저 준다. 많은 성화에서 그녀는 예수님 곁에 아주 가까이 등장하는 매우 중요한 인물이다. 그럼에도 그녀의 삶과 행적에는 엇갈리는 부분이 있다. 다시 말하면 그녀의 진정한 정체는 무엇이냐다. 성경에는 막달라 마리아에 대해 베다니에서 향유를 예수님께 부은 여자, 죄인인 여자, 일곱 귀신이 쫓겨 나간 사람, 나사로의 누이 그리고 부활하신 예수님을 맨 처음 만나는 여자라는 기록이 있다. 문제는 이것이 한 사람의 막달라에 대한 이야기인지 아니면 이름이 같은 다른 인물인지에 대한 의문이다.

동방정교에서는 일찍이 이를 별개의 인물들로 규정했다. 그럴 경우 나사로의 누이가 아닐 수도, 일곱 귀신이 들린 여자가 다른 사람일 수도 있다. 더구나 부활의 예수님을 맨 처음 만난 여인도 다른 여인일 수 있다. 근래의 신학 연구 경향도 별

「막달라 마리아」
티치아노, 1533년경.
피렌체 팔라티나 미술관

개설 쪽에 무게가 실려 있는 느낌이다.

　그러나 역사적으로 12세기까지 이들을 동일인이라고 인정했다. 역사적 사실 여부를 떠나 많은 사람들이 이를 동일 인물로 보고 싶어하는 심정적 경향이 있는 것도 사실이다. 나도 후자의 편에 속한다. 각각의 인물이라고 보기에는 막달라의 예수님에 대한 사랑이 너무도 지속적이고 뜨겁기 때문이다.

향유와 자기의 머리털로 예수님의 발을 씻으니

　　　　　　　막달라 마리아는 그 이름이 암시하듯이 갈릴리 해안 디베랴에서 멀지 않은 큰 도시 막달라에서 온 여자로 보인다. 소금 무역으로 번창하고 있던 이 도시에서 그녀는 바람직하지 못한, 어쩌면 죄로 가득한 창녀의 삶을 살았을지 모른다. 예수님께서 일곱 귀신을 쫓아내준 그 사람이라면 정신적으로 건강하지도 못했을 것이다. 그러나 예수님을 만나 기존의 삶을 청산하고 정신병을 치료받으며 심지어 죽은 동생 나사로의 생명까지 다시 살리는 큰 은혜를 입었다.

여기서 그녀에게는 일대 삶의 변혁이 찾아왔다. 모든 것을 우선해 예수님의 가르침을 행하고 그 일에 동참하며 그가 가는 곳 어디에나 함께했던 것이다. 베다니에서 예수님께 향유를 붓는 일도 그중에 드러난 행적 중의 하나였을 것이다.

> "마리아는 지극히 비싼 향유 곧 순전한 나드 한 근을 가져다가 예수의 발에 붓고 자기 머리털로 그의 발을 씻으니 향유냄새가 집에 가득하더라"(요 12:13)

향유를 부을 때도 앞에서 하지 못하고 뒤에서(눅 7:38) 그리고 손으로 싸지 않고 머리털로 발을 씻었다. 이를 목격한 사람들은 그녀가 지체 낮은 죄인이란 이유로, 가난한 자를 구한다는 명분으로 그녀를 질책했다. 그러나 예수님만이 그 일의 본질을 꿰뚫어 보시고 그녀를 적극 옹호했다. 그리고 모든 죄를 사했다.

처음에 나 같은 속인으로서는 마리아처럼 가난한 자가 향유를 썼다는 것이 낭비로 느껴졌고, 예수님의 태도도 언뜻 이해가 되지 않았다. 평소 가난한 자와 병든

자, 소외된 자의 입장을 먼저 생각하신 예수님이 아니었던가. 하지만 칼뱅은 이 일이 하나님의 인도하심과 성령의 충동으로 가능했던 일이라고 말하고 있다. 당신이 십자가에 못 박힐 것을 미리 알고 계셨던 예수님이 막달라 마리아가 자신의 가장 좋은 것을 드림으로써 죄를 뉘우칠 기회를 주셨다는 것이다.

마리아의 변함없는 헌신

성서에는 막달라 마리아가 진정 예수님을 사랑했다는 증거가 여러 곳에 드러나고 있다. 그래서 그녀는 부활하신 예수님을 역사상 맨 처음 만나 볼 수 있었던 것이다. 그녀는 예수님의 십자가상의 죽음을 최후까지 지켜보았을 뿐 아니라 시신을 무덤에 옮긴 후에도 마음이 놓이지 않아 장소를 확인하고 시신 위치도 챙겼다. 안식 후 첫날 새벽에도 다른 여인들과 함께 향포와 향유를 들고 다시 무덤을 찾았다.

> "예수의 서신 것을 보나 예수신 줄 알지 못하더라 (……) 예수께서 마리아야 하시거늘 마리아가 돌이켜 히브리 말로 랍오니여 하니(이는 선생이라) 예수께서 이르시되 나를 만지지 말라 내가 아직 아버지께로 올라가지 못했노라……"(요 20:14~17)

참으로 예수님은 별난 분이시다. 미천한 죄인에게 그토록 특별한 배려를 할 수 있을 것인가! 당시 고대의 여성관으로는 상상할 수 없는 혁명적인 처사다. 이를 가

감없이 기술한 성경 기록자의 태도 또한 놀랍다.

그녀의 후반 생애에 대한 이야기는 마치 전설처럼 무성했다. 무슨 특별한 근거가 있는 것도 아닌데 그녀에 대한 사람들의 사랑은 이야기에 이야기를 만들어냈다. 8세기까지 동방에서는 막달라 자매와 나사로가 키 없는 배를 타고 흘러간 곳이 키프로스였고, 나사로는 그곳의 주교를 지냈다는 풍설이 있었다. 다른 설은 프랑스와 관련되어 있다. 40년 무렵, 세 명의 마리아와 나머지 일행이 예루살렘의 박해를 피해 프로방스 지방으로 도피했고, 막달라는 엑상프로방스 지역에서 은둔 생활 중 세상을 떠났단다. 그 후 여기에 수도원이 세워지고 중세의 중요한 순례지가 되었다는 사연이다.

루벤스의 막달라 마리아, 신의 위엄과 인간적 진실이 만나다

막달라에 관한 그림은 주로 마리아가 회개하는 장면(라 투르 등)이나, 부활 후 예수님을 만나 만지려 했던 장면(티치아노) 등이 주를 이룬다. 그중에서도 카라바조의 「막달라의 황홀경」이나 늙은 마리아를 조각한 도나텔로의 작품은 색다르다 하겠다. 특히 도나텔로가 조각한 막달라는 비록 육신은 늙어 초라하지만 품위와 절제와 깊은 아름다움이 이끼 끼듯 덮여 있다. 그것은 회한과 눈물과 통회와 감사일 것이다. 거장만이 통찰할 수 있는 세계다.

여기 내가 다루고 있는 루벤스의 「그리스도와 막달라 마리아」는 이들 두 사람 외에 시차를 달리하는 세 명의 인물이 등장하고 있는 점에서 특이하다. 그러나 내겐 한두 가지 의문이 있다. 막달라 마리아가 예수님을 만나고 있는 시점은 언제인가?

「막달라의 황홀경」 1606년경, 카라바조

그리고 뒤에 등장하는 세 사람의 인물은 누구인가다.

다행히 나는 문명사학자 부르크하르트가 쓴 『루벤스의 그림과 생애』(최승규 옮김, 한명, 1999년 출간)를 읽으면서 그 의문을 풀게 되었다. 그 책에는 이 작품의 이름이 「그리스도와 회개하는 성자들」이라고 되어 있었다. 이로써 어렴풋이 추정만 하던 뒤의 세 사람이 베드로와 다윗과 구레네의 시몬(막 15:21, 눅 2:26)임이 분명해졌다.

베드로는 세 번이나 예수님을 부인했고, 다윗 또한 충성스러운 부하 우리야의 아내 밧세바를 범하고 우리야까지 죽음으로 몰았던 죄인이다. 구레네 사람 시몬은 예수님의 십자가를 잠시 졌지만 그것이 그의 인생을 회개하는 전환점이 될 줄은 미처 몰랐을 것이다.(막 15:21, 눅 16:13) 한데 이들이 배경에 등장하고 있지만 주인공은 막달라 마리아임에 틀림없다.

그러면 이 그림에서 포착하고 있는 시점은 언제였을까? 우선 예수님의 양손에 못 자국이 선명한 것으로 보아 부활한 바로 직후인 것 같다. 하늘은 새벽빛이 찬란하지만 어딘가 불안하다. 이는 빈 무덤에서 살아난 예수님이 막달라 마리아와 만나고 있는 기쁨과 불안을 함께 반영하고 있는 듯하다. 이 장면은 티치아노의 「나를 만지지 말라」라는 작품을 떠올리게 한다.

페루지노가 그린 막달라의 얼굴을 놓고 웬디 수

「막달라 마리아」
도나텔로, 1455년, 시에나 오페라 델 두오모 미술관

「그리스도와 막달라 마리아」 루벤스, 1618년, 뮌헨 알테 피나코테크

「성녀 막달라 마리아」, 페루지노, 1500년, 피렌체 피티 궁

녀는 예술가가 표현할 수 있는 여인의 완벽미라고 극찬했지만, 여기 루벤스가 그린 막달라도 그 아름다움과 다소곳함이 터질 듯이 아름답다. 특유의 황금빛 삼단 같은 머리가 가슴까지 흘러 감싸는데, 살빛은 탄력과 생명력으로 찬란히 빛난다.

예수님의 경우 부드러우면서도 강하고 유연하면서도 강건한 체력이 돋보인다. "독특한 위엄과 아름다움이 있으며 알맞게 이상화되었다"라는 부르크하르트의 촌평은 이를 적절히 요약하고 있다. 그림의 전체적인 분위기는 따뜻하고 정감이 가득하지만 신의 위엄과 인간적 진실이 만나는 분위기다.

{ 가장 복 받은 여인 }

막달라 마리아는 죄의 문제와 죽음의 과제를 모두 해결했다는 점에서 가장 복
받은 여인이다. 누군가 인생 최대의 문제는 죄와 죽음이라고 하지 않았던가. 부
와 성공과 명예 등이 삶에서 우선순위를 차지하기가 일쑤다. 하지만 결국 인생
에 침전처럼 남는 것은 죄와 죽음이 아니겠는가. 죄는 자기 스스로 용서하거나
받거나 할 수 있는 것이 아니요, 죽음은 더욱 그렇다. 모르니까 살아왔지 알고
는 못할 일이다. 바르게 살려고 하면 할수록 거짓된 자신의 모습을 보게 된다.
죄 없이 행하려 하면 할수록 자신이 죄인임을 절감하게 된다.

막달라의 예수님에 대한 사랑이 순전히 믿음의 차원만일 수 있을까? 자신도
알지 못하는 인간적인 애정의 뜨거움이 내면에 흐르고 있었을지 모른다. 그러
나 이를 넘어서 자기를 버리고 완전히 모든 것을 버린 무욕의 헌신은 그 자체
로 아름다움의 극치다.

의심하는 도마
손으로 만져질 듯한
혁명적 사실주의

카라바조 「의심하는 도마」

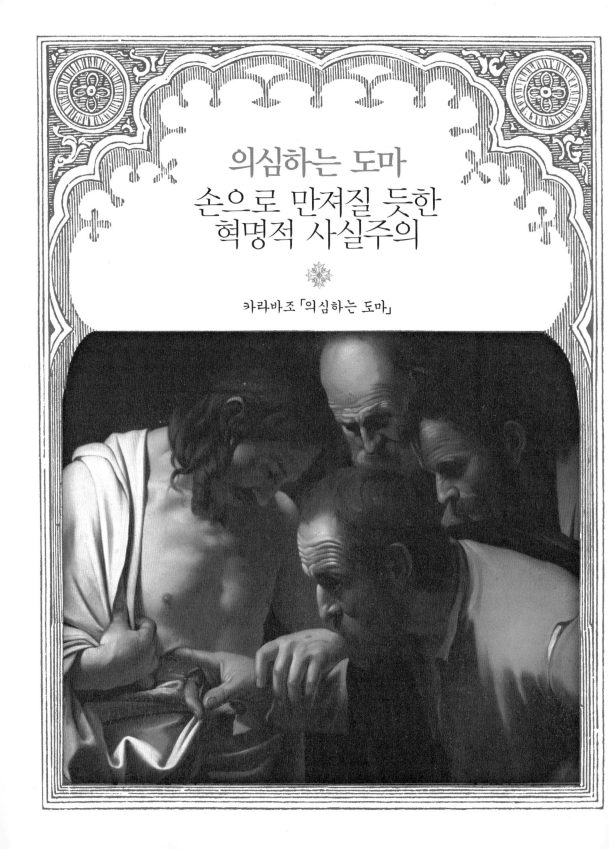

이탈리아의 화가 카라바조Caravaggio, 1571-1610는 혁명적이라는 수사에 가장 적합한 인물이다. 그가 얼마나 변혁적이었는가 하는 것은 전해 내려오는 그 몇 가지 행적으로도 어렵지 않게 짐작할 수 있다. 로마의 한 교회가 사도 마태에 대한 그림을 주문했을 때 첫 번째 그린 그림이 퇴짜 맞고, 두 번째 그림만이 받아들여진 일화는 잘 알려져 있다.

처음 그린 작품에는 투박한 모습의 마태가 흙발을 꼰 채, 몸에 익지 않은 책 쓰는 일을 천사의 도움을 받으며 겨우 해내는, 꾸밈없고 솔직한 그림이었다. 그 당시 고급스런 옷을 입은 위엄 있는 사도들의 그림에 익숙해 있던 신자들의 눈에는 이런 마태의 모습이 충격이었고, 불경스럽게까지 비쳤던 것이다. 다시 그린 작품은 전해 내려오듯이 세련되고 영감에 찬 사도 마태로 바뀌었지만, 그 생생한 사실감만큼은 여전히 뚜렷해 보인다.

몇 점 안 되는 자화상에서도 그의 치열하고 심각한 자기 인식이 두드러진다. 골리앗의 머리를 베어 손에 들고 있는 다윗의 그림에서는 카라바조 자신의 얼굴을 골리앗으로 표현했다. 이 그림에는 당시 범죄자로 쫓기던 불안과 앞으로의 운명을 예감하는 처절한 자기 객관화가 서려 있다.

카라바조, 좌충우돌의 생애

이탈리아 카라바조에서 태어난 그의 본 이름은 미켈란젤로 메리시인데, 고향 이름인 카라바조가 이름으로 굳어졌다. 그곳은 밀라노와 브레시아의 중간에 위치해 베네치아에서 크게 멀지 않아 북부 이탈리아에서

당시 일어나고 있던 사실주의 화풍의 영향을 받으며 자랐으리라 짐작된다. 1590년 로마에 간 그는 추기경 프라네스코 델 몬데 등의 후원과 그가 가진 탁월한 미술 역량으로 곧 큰 명성을 얻게 되었다.

하지만 타협을 모르는 그의 완강한 고집과 개인주의, 인습을 거부하는 진보성은 주변과 잦은 충돌을 빚었다. 1606년 5월, 테니스 코트에서 생긴 다툼으로 카라바조는 결투 끝에 비교적 명망가에 속한 상대를 칼로 찔러 죽게 했다. 로마 교황령에

「성 마태의 영감」 카라바조, 1602년, 로마 산 루이지 데이 프란체시 성당

「골리앗의 머리를 든 다윗」 카라바조, 1605~06년경, 로마 보르게세 미술관

서 추방된 그는 처음에는 나폴리로, 다음에는 몰타로 망명하는 등 유랑의 길을 가야 했다. 그곳에서도 장교와 격돌해 감옥에 갇혔다가 시칠리아로 도망했으나 다시 나폴리로 돌아왔다. 로마로 돌아가면 사면 받을 것이라는 소식을 듣고 가던 도중 심한 열병으로 사망했다. 사면령은 그가 죽은 지 며칠 뒤에야 도착한다. 그때 그의 나이는 39세였다.

하지만 그나마 다행스러운 것은 1606~10년에 걸친 망명 생활 중에도 그는 명성 덕에 종교화 등의 작품을 주문받아 계속 제작했다는 점이다. 그의 그림은 붓에 생명을 담았다 하겠으나 그의 과격한 성격이 그의 예술의 최성기最盛期를 단축시킨 것은 참으로 안타까운 일이 아닐 수 없다.

예술적 재능과 자연주의의 절묘한 만남

카라바조가 「의심하는 도마」를 그린 것은 1601~02년 사이로 그의 로마 성공 시기(1600~06)의 초기에 해당된다. 이 그림은 한마디

「의심하는 성 도마」카라바조, 1602~03년, 포츠담 상수시 궁

로 내게 충격이었다. 그리고 볼 때마다 새롭고 가슴 두근거리며, 아무리 쳐다봐도 싫증나지 않는 산山처럼 늘 열려 있다. 400년도 더 된 그림이지만 지금 막 개봉한 영화의 한 장면같이 현대적이고 생명감이 넘치며, 소박한 민중과 함께 있는 듯한 현실감까지 느끼게 한다.

등장인물은 단 네 사람뿐. 화면을 좌우 양분해 왼편에는 자애롭고도 슬픈 예수님이 고개를 숙이고 당신의 상처를 보여주며 서 있다. 오른쪽 맨 앞에는 도마가 서 있고, 뒤와 위쪽에 조금 비켜선 곳에는 두 제자가 서 있는데 모두 예수님의 상처를 바라보고 있다. 화면 한가운데 위치한 도마는 누구보다 뚫어져라 상처를 쳐다보고 있는데, 예수님은 왼손으로 도마의 손을 붙잡아 손가락을 상처 안에 넣어보도록 도와주고 있다. 이를 위해 오른손으로는 옷자락을 쥐어 옆으로 당겨주기까지 한다.

예수님의 오른손과 도마가 허리에 짚은 팔꿈치까지, 구도는 수평선을 이룬다. 맨 위 베드로의 벗겨진 이마에 강렬하게 내리비쳐 떨어지는 빛을 중심으로 보면 화면은 삼각형, 즉 피라미드형을 이룬 셈이다. 이들 등장인물을 앞으로 당겨 보여주기 위해 다리 3분의 1 부분을 잘라내고 상반신 위주로 화면 전체를 채움으로써 포만과 긴장, 입체감을 더한다. 그렇게 함으로써 그림을 보는 자가 이 자리에 직접 참석하고 있는 듯한 효과도 얻고 있다. 실로 그의 예술적 재능과 사실적 자연주의가 절묘하게 만나는 접점의 순간이다.

그림 속 인물들은 지체가 높거나 성화된 인물들이 아니다. 세파와 삶에 시달려 지친 듯 머리카락은 빠져 있고 이마에는 깊은 주름이 몇 겹으로 파여 있다. 그들이 입은 옷은 도마의 어깨 언저리에서 보이듯 살이 드러날 만큼 해졌다. 다만 예수님만이 은은한 빛 속에 한없이 자애로운 모습을 드러내고 있다. 도마에게 초점을 맞

추기 위해 예수님의 얼굴조차도 상당히 어둡게 처리되어 있어 더욱 재미있다. 도마의 의심 많은 눈, 예수님의 슬픈 얼굴, 상처 깊숙이 손가락을 넣는 긴장된 순간, 모두의 시선은 한곳에 집중되어 있다. 더구나 도마의 손은 매끄러운 성자의 손이 아니라, 짠물과 그물에 거칠어진 어부의 억센 손이며 그의 손톱에는 여전히 때꼽재기가 끼어 있다.

무엇이 이 담백한 소재를 그토록 극적인 효과로 증폭시키고 있는가? 그것은 빛이다. 카라바조는 키아로스쿠로 기법, 즉 빛과 어둠의 극단적인 대비를 보여주고 있다. 그는 빛과 그림자로 인간을 조각하고 있는 셈이다. 그 이전에도 이런 기법이 없던 것은 아니었으나 빛을 대담하게 대비시키고 잡다한 것은 그늘 속에 묻어 감정을 극적으로 표현한 것은 카라바조에 와서 한 경지에 이르렀다. 이것이 잘못 사용되면 너무 인위적이고 과장된 연극조가 될 위험이 있었으나, 카라바조는 '극적인 연출'에 집중해 감동을 주는 데 성공하고 있다.

그의 이런 대담한 시도 덕분에 당대 침체에 놓여 있던 매너리즘 시대를 극복하고 바로크 양식을 여는 새로운 전기가 마련되었다. 이런 점에서 렘브란트나 루벤스 모두 카라바조의 영향을 받은 셈이다.

{ 구원은 행위가 아니라 믿음으로 }

도마는 어떤 인물이었을까? 그의 행적으로 보아 늘 예수님 가까이에 있었던 가까운 제자 중의 한 사람이었음이 곳곳(마 10:3, 요 14:5)에서 드러난다. 그러나 박윤선 목사의 주석에 따르면 그는 용감했으나 아직 신앙이 깊지는 않았으며, 매우 충성스러웠으나 둔한 제자라고 쓰여 있다. 도마는 예수님의 말씀이 무엇을 가르치고 있는지를 깨닫는 데 느렸고 무엇보다도 의심이 많고 마음이 완고했던 것 같다. 더 솔직히 말하면 도마는 바로 나, 당신의 모습인지 모른다. 의심하는 자는 도마만이 아니었다. 예수님의 제자 빌립도 예수님께 "아버지를 우리에게 보여주옵소서" 하고 항의하듯 요청했다. 베드로 또한 예수님이 돌아가신 후 소망을 잃고 다시 생업인 어부로 복귀했다.

제자들이 그리스도의 부활을 확인하려고 적극 나섰던 것은 아니다. 그들은 너무나 수동적인 반면 예수님이 오히려 당신의 부활을 적극적으로 증거했다. 막달라 마리아에게, 도마에게, 엠마오에서 그리고 다시 디베랴 바다에 나타나 제자들과 새벽녘 바닷가에서 생선과 떡을 나누었다. 그것도 부족해 베드로에게 세 번이나 자기를 사랑하느냐고 물어 확인하지 않았던가?

많은 시간을 직접 예수님 곁에서 지내고, 많은 이적과 기적을 보면서 도마가 어떻게 이렇게 예수님을 대할 수 있었는지 궁금하다. 예수님이 다시 나타났을 때 마땅히 그는 떨리고 두려운 마음으로 놀랐어야 했다. 그러나 마음이 닫힌 도마는 보는 것으로도 주님을 믿지 못하고 손끝으로 만져 보고서야 믿었다. 존 스토트 목사가 지적하고 있듯이 제자들은 예수님께서 부활한 사실을 믿고 싶은 마음이 없었던 것이다. 그러나 예수님은 이런 섭섭함을 꾹 참은 채, 줄곧 제자들을 설득하고 도마의 손을 친히 이끌어 자신의 가슴 상처에 직접 넣어보도록 했다. 주님은 그만큼 자애롭고 관대하게 열려 있었고 지금도 열려 있다.

믿음은 하나님의 말씀을 믿는 것이다. 때론 이성적으로, 세상의 눈으로 보면 믿기 어려운 것도 많다. 그러나 믿음은 추론과 생각을 넘어 이르러야 하는 것이다. 믿음은 붕어빵 같은 기성품이 아니라, 삶에서의 체험과 마음, 지성을 통해 자라는 생명체다. 믿음이 행위보다 더 높은 차원에 속하는 것도 이런 어려움을 겪어야 하기 때문인 것 같다. "인간의 구원은 행위로가 아니고 믿음으로"라는 말이 갖는 깊은 의미도 여기에 있는 것이 아닐까. "보지 못하고 믿는 자가 더 복이 있도다"(요 20:29)라는 말씀이 보고도 믿지 못하는 사람의 경우와 크게 대비된다.

최후의 심판 I
현세의 삶에 빗대어 그리다

보스 「최후의 심판」

보스의 「최후의 심판」은 그 분위기가 어둡고 냉소적이며 사뭇 무섭기까지 하다. 그의 심판에서는 구원받을 자가 거의 없는 듯하다. 이 점이 그의 심판도가 이 주제를 다룬 어떤 심판도보다 더 절망적이라고 말하는 이유다. 이 부분에 관해 누구의 사사도 받지 않았던 그가 어떻게 이토록 공포스러운 그림을 그릴 수 있었는지는 아직도 의문으로 남는다.

내가 보스의 그림과 가까워진 것은 1980년대 초쯤이었다. 그 시절 서울의 봄에 대한 기대가 한껏 부풀어 있었고 이제 그동안 억제되어왔던 민주화의 물결이 정치·사회·문화 등 제 영역에서 파도처럼 밀려오리라는 꿈에 부풀어 있었다. 그러나 신군부가 등장하고 5.18의 비극이 피로 물들면서 소망은 곧 어두운 좌절의 늪으로 곤두박질쳤다. 좌절이 어떤 것인지를 알게 하는 아픔의 시간들이었다. 내가 본 보스의 그림은 우선 무섭기도 하지만 그 찌르는 듯한 세태 풍자에 카타르시스마저 느껴졌다.

게다가 그가 예술계의 화두였던 초현실주의의 원조로까지 알려지고 있어 흥미를 더했다. 20세기에 출현한 초현실주의의 뿌리를 찾아 올라가면 히에로니뮈스 보스에게까지 이른다는 얘기다. 우리가 오늘날 알고 있는 초현실주의 미술 운동은 1924년 앙드레 브르통이 선구적으로 시작했거니와 회화 분야에서는 마그리트, 달리, 에른스트 같은 작가들의 활동으로 무르익었다.

초현실주의 그림들은 그동안 우리 속에 가두어놓고 있었던 무의식과 꿈, 상상을 해방시켜 회화나 문학 세계에 펼쳐냄으로서 예술가가 추구할 수 있는 영역을 한껏 넓혀놓았다. 근대사상의 주류적 흐름이 합리주의에 있었다면 초현실주의 화파가 이를 넘어선 무의식의 세계에 주목했다는 것은 현대의 시작을 예고하고 있었음을

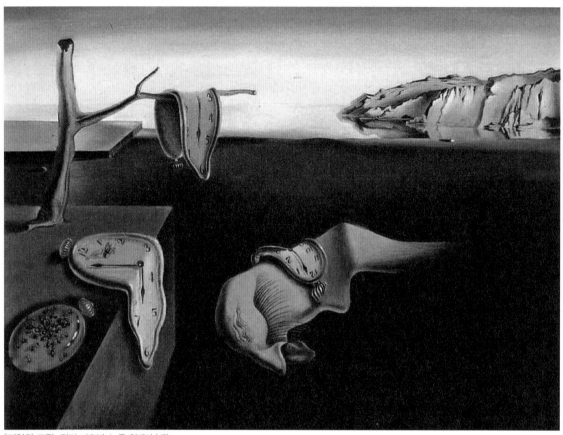

「기억의 고집」 달리, 1931년, 뉴욕 현대미술관

뜻한다. 프로이트가 1895년 심리분석을 시작해 무의식의 세계가 의식의 세계보다
엄청난 크기의 힘을 가지고 있음을 밝혀냄으로써 작가들은 더 자신감을 얻었을 터
이다.

이런 이성에서의 해방은 화가들을 자유롭게 했다. 그들은 대상이나 공간 배치에
구애받지 않게 됐고 가장 큰 변화는 세상에 존재하지 않은 것조차도 마치 실재하

는 듯이 그렸다는 사실이다. 더구나 기괴하고 공포스러운 것까지도 거침없이 그려내도록 자신감을 갖게 된 듯하다. 에른스트 같은 화가는 우연히 발생하는 것조차 우연이 아닌 필연으로 보고 이를 회화 속에 살리고 있다.

이처럼 20세기에나 일어날 수 있는 일을 중세 말, 15세기에 보스가 선구적으로 시작했다는 사실에 나는 그에게 관심을 가질 수밖에 없었다. 그 무렵부터 유럽 미술관에 가면 나는 꼭 보스의 작품을 보려 했고 어떤 때는 일부러 그의 작품이 소장된 미술관을 찾기도 했다. 스페인의 프라도 미술관, 쾰른 대성당 옆의 쾰른 미술관 등에서 만나는 그의 작품에서 현대적인, 너무도 현대적인 느낌을 받곤 했다.

시대의 이단아

보스의 삶의 배경과 작품 성향에 대해서는 앞서의 「십자가를 지고 가는 그리스도」에서 스케치하듯 소개한 바 있다. 그에 대한 평가에 서로 반대되는 입장이 공존하고 있음도 말했다. 그가 살던 당대에 보스는 이단아적인 길을 걸었다. 당시 그가 태어나고 미술 활동을 했던 고장인 플랑드르 지역 회화의 주류적 흐름은 반에이크 유의 것이었다. 플랑드르 사실주의의 원조가 된 이 화풍은 빛이 은은히 비치는 가운데 대상을 사실대로 그리면서 종교적 경건과 귀족풍의 품격을

「히에로니뮈스 보스의 초상」
보스, 아라스 시립도서관

「예수에게 젖을 주는 마리아」
얀 반에이크. 1430년경. 프랑크푸르트 슈테델 미술관

의연히 갖추고 있었다.

이에 비하면 보스의 그림은 단연 자유롭고 풍자적이며 때로 도발적이기까지 하다. 성직자들을 소재로 그릴 경우도 그들의 경건과 헌신을 그리기보다는 오히려 위선을 폭로하고 탐욕과 욕망을 가차없이 고발하는 데 서슴없었다. 두 작품을 비교해보면 그 차이가 뚜렷이 드러나는데 얀 반에이크의 것이 세상을 긍정하고 대상을 아름답게 보려고 한 반면 보스의 경우는 더 냉소적이고 비관적이며 어두운 쪽에 기울어져 있다. 이런 두 경향은 그들의 세계관의 차이를 반영하는 것이기도 하지만 그들이 살던 시대에 두 세계관이 공존하고 있었음을 반영한다. 물론 보스는 종교적 정통성을 이탈한 것이 아니라 다만 그것을 보는 눈이 다르다고 해야겠다.

그의 활동은 고딕 미술 시기의 끝자락에서 이루어지고 있었는데 세상은 외형의 경건한 분위기와 달리 조금만 깊이 들여다보면 죄와 위선이 가득해 의식 있는 이들은 시대를 고민했다. 그 가운데 보스는 이 세상을 선과 악이 영원히 대결하는 싸움터로 파악했던 것 같다. 이런 내용들은 물론 그가 살던 시대의 민간전승, 격언, 중세 말의 설교 내용과 시 등에 담겨 있었으니 이들의 영향은 피할 수는 없는 일이었을 것이다.

보스의 개인적 생애에 대해서는 앞쪽에서 두어 번 소개했고 여기서는 화가로서의 인생에 대해서 언급하려 한다. 그에 대한 첫 공식 기록이 나타난 것은 그가 성년이 되어 활동하는 때인 듯하다. 그곳 시청 자료실에 보관된 기록에 따르건대 그가 그림 첫 주문 계약을 한 연대가 1474년으로 쓰여 있다. 이는 그의 나이 25세 무렵쯤으로 이때 직업 작가로서의 활동이 시작되었음을 알 수 있다. '우리의 성모형제단'이라는 전업작가 조합 길드에서 활동한 공식 기간은 1486년부터 1516년으로 기록되어 있다.

「바보들의 배」 보스, 1490~1500년경, 파리 루브르 박물관

「최후의 심판」 보스, 1482년경, 빈 예술대학 회화관

「성 안토니의 유혹」 보스, 1505~06년, 리스본 국립 고대예술 박물관

  기록상으로 그가 공식 직업화가로 활동을 시작한 것이 1474년이니 그의 화가로
서의 활동 기간은 42년여가 된 셈이다. 그럼에도 그의 작품에는 연대가 기록돼 있
지 않아 그것들을 연대 순으로 정리하기는 참 어려운 일인데, 연구자들의 분류에
따르면 보스의 그림은 대략 세 시기로 나뉜다고 한다.

  초기에 그려진 것으로는 「바보들의 배」「돌대가리 수술하기」「7대 큰 죄들」 등이
다. 이들 화면에는 성경을 배경으로 한 교훈적인 가르침이 담겨 있다. 이런 방식으
로 돌팔이 의사나 사기꾼, 부자, 색욕이 강하고 음란한 수사나 수녀 들을 풍자하
며 비꼰다.

  보스의 「최후의 심판」은 작품 이력에서 두 번째에 해당되는 중기(?1485~1500)에
그려진 것이다. 이 시기에 제작된 또 하나의 대표작으로 「건초수레」를 들 수 있겠
다. 끝으로 마지막 시기의 대표작으로는 「성 안토니의 유혹」을 꼽고 있는데 보스는

여기서 외적 유혹 요소들이 너무도 많아 아무리 성자라도 겪을 수밖에 없는 인간적 고뇌와 시련을 장엄하다 할 만치 여러 장면으로 연출하고 있다.

실감나게 그린 지옥에 대한 공포

여기서 얘기하고 있는 보스의 「최후의 심판」은 기실 세 폭의 제단화다. 중앙 부분이 중심축인 마지막 심판이며 이를 중심으로 왼쪽에는 「파라다이스(원죄)」 장면이, 오른쪽에는 더 어둡고 공포에 찬 '지옥'의 행태가 펼쳐지고 있어 대비된다. 왼쪽의 「파라다이스」에는 에덴동산, 선악과의 유혹, 그리고 하와의 출현 장면 등이 비교적 평화로운 가운데 심판도를 중심으로 양편의 대조가 극명하다.

한가운데 심판도에서 보스가 보여주고자 한 것은 하나님의 은혜와 사랑이 너무도 인간적 욕망에 의해 지상에서 여러 방법으로 처절하게 방해받고 있다는 생각이 아니었을까. 그 당시 인간이 이런 극단의 지경에 이른 것은 자기 방종과 불순종 때문이라는 분위기가 짙게 깔려 있다. 보스가 이 그림을 그릴 당시는 종교개혁은 시작되지 않았지만 현세에 대한 강한 의구심과 비판이 예술가들 사이에도 퍼져가고 있었다. 적어도 앞으로 닥칠 일에 대한 불길한 예감만은 숨길 수 없었던 것이다.

보스 연구가 깁슨은 보스의 수수께끼 같은 예술은 중세의 이단자들이나 연금술에서 나온 것이 아니라 중세 당시의 정통적인 종교 경험의 공통성에 기초하고 있다고 했다. 보스의 천국이나 지옥관은 당대 사람들과 크게 다를 바가 없었고 인간의 본성에 대한 묘사도 차이가 없었다. 이는 중세 말의 설교와 교훈적인 문헌을 보면 이해되는데, 요한 하위징아가 『중세의 가을』(이종인 옮김, 연암서가, 2012년 출간)에서 다루고 있는 문화의 전형적인 표현에 불과하다는 것이다.

보스 자신도 중세의 어느 누구처럼 사람이 사랑으로 주님의 말을 따를 수 없다면, 지옥에 대한 공포감만으로라도 인간을 자제시켜야 한다고 믿고 있었다는 것이다. 1499년 독일의 한 점성가는 1524년 2월에 제2의 대홍수가 지구를 파멸시키리라고 했고, 뒤러의 종말 시리즈

「최후의 심판」 부분

동판화가 큰 주목을 받은 것도, 그리고 노스트라다무스가 1547년 최초의 예언을 했던 것도 이런 시대적 분위기를 반영한다. 보스는 비판적이긴 했지만 결코 당대 질서를 무너뜨릴 생각은 없었다. 그만큼 현실적 회의론자인 셈이다.

이 3면 제단화의 가운데 그림에는 구원받은 사람이 거의 없어 보인다. 있다면 오른쪽 위에 하늘을 날아가는 도판에는 거의 보이지 않는 인물과, 왼쪽 중간쯤에 나신의 남자를 끌고 가는 천사만이 지옥행에 속하지 않은 사람으로 보인다.

그림 위쪽 중앙에 무지개 위로 붉은 옷의 예수님이 앉아 심판을 하고 양편에 열두 제자가 배석해 있고 성모와 요한이 뒤편에 있다. 그들이 앉아 있는 여명의 분위기는 그 밑에 어둠 속의 산 언덕바지와는 사뭇 대조적이다. 죄지은 수많은 무리가 쫓기고 심판이 진행되면서 화산 분화구처럼 폭발이 계속되고 있다. 마치 폭탄이나

「최후의 심판」 부분

맞은 듯이 검고 삭막하다. 그 중앙에는 검은 물이 계곡을 따라 흐르고 웅덩이에 고이곤 한다.

한마디로 모든 장면이 엽기적이다. 아주 식탐이 많은 사람은 지금 화장실에서 흘러나오는 오물을 계속 마시고 있으며 물고기 같기도 하고 사람도 같은 철모를 쓴 괴물은 쉬지 않고 두꺼비나 다른 동물들을 소름끼치게 삼키고 있다. 붉은 옷을 입은 동물과 사람의 혼합체인 마귀할멈은 프라이팬에 사람을 달구고, 죽은 사람들을 생선 엮듯이 통나무에 꿰어 걸고 있다. 그리고 산 자는 이미 죽을 준비가 되어 있고 죽은 자는 나무에 꿰어 있는 등 생명이 끊어지지 않아 더욱 고통스러워 보인다. 이러한 보스 그림의 장면은 곰브리치가 잘 요약하고 있다.

소름끼치는 공포와 화염과 고문을 보게 되는데, 반신은 짐승이고 반신은 인간이나 또는 기계로 되어 있는 무시무시한 악마들이 온갖 수법을 동원해 죄 많은 영혼들을 영원히 괴롭히고 벌을 주고 있다. 중세 사람들의 마음을 사로잡고 괴롭히던 공포심을 구체적이고 실감나는 형상으로 표현하는 데 성공한 미술가는 역사상 보스 한 사람뿐일 것이다.

명화로 만나는 성경

{ 지옥의 세상 }

보스의 그림에는 모든 형태의 폭력이 동원된다. 거기에는 마음을 쉴 평화도 없고 죽음과 공포와 잔인함만이 있다. 그것도 기괴한 괴물과 칼부림과 살인이 난무하는 기상천외한 조건에서 말이다. 더 절망스러운 것은 이들은 저주를 받은 것뿐 아니라 이 같은 악조건에서 아직도 서로 싸우고 죽이고 있다는 사실이다. 이 괴기한 괴물들은 어쩌면 인간의 변형이고, 형태만 다르지 인간 자신일지도 모른다.

보스가 그린 세계가 중세 말만의 현상일까. 오늘날 문명의 첨단, 풍요로운 시대에 살면서도 그 형태만 달리했지 잔인과 무지는 그대로 행해지고 있지 않는가. 쾌락의 극단, 폭력의 횡행, 보이지 않은 경쟁으로 옥죄는 억압, 자유와 평등의 명분 아래 진행되는 파렴치……. 여기 일일이 거론하지 않아도 한밤 조용히 별빛 아래 앉아 위선의 허물을 한 꺼풀만 벗기면 이런 일들에 자신이 이미 깊숙이 개입되어 있음을 부인하기 어려울 것이다.

최후의 심판 II
거장이 예감한
장엄한 심판과 부활

미켈란젤로 「최후의 심판」

21세기를 맞이하면서 지구에는 두 가지 서로 다른 분위기가 흐르고 있었다. 하나는 새로운 세기를 향한 기대였지만 다른 하나는 종말에 대한 두려움이었다. 자료와 합리적 근거에 바탕을 두고 역사를 바라보는 학자들의 모임조차 세계의 종말 가능성을 조심스럽게 제기했다. 종말에 대한 관심도 증가했는데, 신학자 버나드 맥긴에 따르면 지난 30년 동안 행해진 종말론에 대한 연구는 앞서의 300년 동안 이루어진 것보다 더 많다고 했다.

2000년을 앞둔 1999년 말 『뉴스위크』가 조사한 바에 의하면 이 과학의 세기에도 미국 시민의 40퍼센트가 언젠가는 요한계시록에 나오는 아마겟돈 전쟁에서 종말을 맞이할 것이라고 믿고 있었다. 더구나 미국인 18퍼센트는 생전에 세상의 종말이 올 것이라고 두려워했다.

성경에서 말하는 심판의 날이란 무엇인가? 그것은 현세계의 끝이며, 하나님께서 최종적으로 마지막 심판을 행하는 날이다. 그 대상은 살아 있는 자나 부활한 죽은 자들 모두이며, 사람마다 행한 바에 따라 상을 받거나 벌을 받는 것을 의미한다.

그러나 심판은 최후의 심판만 있을 것 같지 않다. 우리의 선택이 매일 매순간 이뤄듯이, 심판은 계속되고 있는지 모른다. 정년퇴임 논문집을 증정받은 어느 교수가 그 자리에서 자신의 학문적 행적이 심판받는 느낌이라고 말했던 기억이 선명하다. 회갑 논문집을 만드는 과정에서 숨길 것은 아무것도 없음을 알게 되었다고 했다. 그는 이어 인간이 죽을 때 최종 결산이라고 할 심판이 남아 있다라는 말까지 첨언했다.

나도 개인적으로는 이 두려운 고역을 당하고 싶지도 않고 이런 게 있다고 인정하고 싶지도 않은 심정이다. 그러나 내게 지워버릴 수 없는 내면의 소리가 있다. 악인이나 선인이나 죽은 후의 결과가 같다면 이는 공평하지 않다는 생각이다. 불평측 평등不平則平等이란 말이 있는데 평등하지 않을 때 오히려 평등해진다는 논리다. 죄에 벌이 없으면 불공평하며, 벌이 있을 때 평등하다는 이야기가 된다. 죄에는 분명 벌이 있어야 하고 이럴 때 역사는 윤리적이고 공평하다.

심판의 기준

심판의 기준이 무엇이어야 하는가에 대해 평이하지만 성경에 집약적으로 명기된 곳이 있다.

"내가 주릴 때에 너희가 먹을 것을 주지 아니했고 목마를 때에 마시게 하지 아니했고 나그네 되었을 때에 영접하지 아니했고 벗을 때에 옷 입히지 아니했고 병들었을 때와 옥에 갇혔을 때에 돌아보지 아니했느니라 하시니 저희도 대답하여 가로되 주여 우리가 어느 때에 주의 주리신 것이나 목마르신 것이나 나그네 되신 것이나 벗으신 것이나 병드신 것이나 옥에 갇히신 것을 보고 공양치 아니 하더이까 이에 임금이 대답하여 가라사대 내가 진실로 너희에게 이르노니 이 지극히 작은 자에게 하지 아니한 것이 곧 내게 하지 아니한 것이니라 하시리니 저희는 영벌에 의인들은 영생에 들어가리라 하시니라"(마 25:42~46)

앞서의 성구가 다소 긴 감이 있으나 중요성이 돋보인다. 윤리적이자 신앙에 깊이 뿌리박혀 있는 말이지만, 이웃과 힘없는 자를 도와준다는 점에서 지극히 사회적 윤리라 할 수 있다. 심판은 종말적이지만 심판의 기준은 현세적이라는 역설도 눈에 띈다.

히브리 전통에도 이런 종말의 심판관은 뚜렷했다. 고난의 도정을 걸어온 민족일수록 그런 열망은 간절했으리라. 종말관이 형성된 시기가 그들이 가장 고달프고 좌절했던 바빌론 유수 시절인 점도 이를 뒷받침한다. 그래서 이들의 심판관에는 인과응보의 염원도 들어 있다. 불행 중에 있을 때는 타인들의 융성함이 실로 견디기 어려운 굴욕처럼 느껴질 때가 있다. 그러나 여호와를 의지하여 이를 견뎌낼 수 있었다.

"행악자를 인하여 불평하려 하지 말며 불의를 행하는 자를 투기하지 말지니다 저희는 풀과 같이 속히 베임을 볼 것이며 푸른 채소같이 쇠잔할 것임이로다"(시 37:1~2)

이들은 악인은 당연히 심판받아야 한다고 믿었다.

"악인이 심판을 견디지 못하며 죄인이 의인의 회중에 들지 못하리라 대저 저 의인의 길은 여호와께서 인정하시나 악인의 길은 망하리로다"(시 1:5~6)

그런데 히브리 시대와 신약 시대는 뚜렷이 구별되는 하나의 특성이 있다. 구약 시대의 심판이 민족 단위의 적이나 이스라엘에 대해 행해졌다면, 신약의 심판은 국가 단위보다 개인의 차원에서 이루어졌다는 점이다.

인간 내면에 도사리고 있는 두려움

　　　　　　　　이런 심판을 서양 조형예술에서는 시각적으로 어떻게 구현해왔는가를 살펴보자. 권선징악은 동서양 어느 쪽에나 보편적인 것으로 모든 사람이 그가 행한 대로 판결을 받으리라는 기독교의 가르침은 어렵지 않게 수용되었다. 하지만 그것을 그림으로 나타내는 데는 상당한 시간을 필요로 했다.

　석곽이나 카타콤의 지하묘지에 나타나기 시작한 심판 그림은 그리스도와 사도들을 재판관으로 상징화했다. 더러는 최후의 심판 날을 보여주는 비유로 예수님을 마중 나가는 열 처녀를 그리기도 했다. 슬기 있는 다섯 처녀는 기름을 예비하고 있었으므로 기다리던 신랑을 밤중에 영접할 수 있었지만, 미련한 다섯 사람은 기름이 떨어져 신랑은 떠나고 문이 닫혀버렸다는 이야기다. 또 다른 판결 장면에는 예수님이 양과 염소를 구별하는(양은 선한 사람이고 염소는 죄인으로 판결받은 사람이다) 모습을 담았다. 그리스도의 오른편에는 여섯 마리의 양들이, 왼편에도 같은 수의 염소들이 그려져 있는 심판의 그림이 6세기 라벤나의 산타폴리나레 누오보 성당에 나타나 있다.

　9세기와 10세기에 이르러서는 '심판의 왕'으로서 보좌에 앉은 예수님이 위엄 있게 등장한다. 보좌에 앉은 예수님의 모습을 통치자와 같은 당당한 모습으로 그린 것은 비잔틴 동방 기독교 미술에서 주도한 것이다. 예수님과 함께 인간과 그분 사이의 중재자로 성모 마리아와 성 요한이 함께 등장하기도 했다. 이러한 경향은 서방에도 확산되어갔는데 로마네스크 고딕건축 특히 대주교 성당의 입구 팀파눔에는 대부분의 예수님상이 심판자의 모습으로 새겨져 있다. 이들 조각들은 기본적으로 3단계로 이루어졌다. 맨 위층은 심판석에 앉은 예수님이 천사들과 나팔 부는

「최후의 심판」 3면 제단화 한스 멤링, 1467~71년, 그단스크 국립미술관

✝

최후의 심판 II

「최후의 심판」 프라 안젤리코, 1430년대 초, 피렌체 산 마르코 미술관

자들과 선택된 자들에게 둘러싸여 있다. 그 중간은 사도, 선지자, 족장 들이 줄을 이루어 서 있고 맨 밑은 부활에 할애되고 있다. 그러나 그 부활에는 심판이 따르는데 예수님의 왼쪽에는 심판받은 자들이, 오른편에는 선택되어 축복받은 자들이 서 있는 것이 보통이다.

어떤 때는 대천사 미카엘이나 예수님 자신이 저울을 잡고 영혼을 무게에 달아 판결하는 장면이 새겨져 있다. 악마들이 옆에서 자기 쪽으로 저울의 무게를 기울게 하려는 행동도 보이지만 저주받은 자들은 여지없이 지옥에 던져진다.

이런 개념은 12,13세기에 회화에도 도입되는데 조토에 이어서 바이던, 보스, 멤링, 미켈란젤로와 루벤스에 이르면 절정에 달하는 느낌이다. 화가의 의도에 따라 심판자의 권위나 저주받은 자의 참담함, 부활자의 승리 등 강조점에 차이가 있다.

그러나 그들이 공통으로 보여주고 싶은 것은 작품들을 통해 인간 내면에 도사린 두려움을 자극하려는 데 있다. 보스의 그림과 마찬가지로 사랑으로 그리스도의 길을 따르게 할 수 없다면 두려움을 통해서라도 이를 이루려는 의도였던 것 같다.

심판의 양 갈래 길

심판이 있을 때는 두 가지 방향의 길이 열리는데 하나는 빛의 길인 천국이요, 다른 하나는 어둠의 길인 지옥이다. 천국과 지옥은 어떻게 다를까? 나 스스로 합리주의 학문적 문제에 집착했을 때는 우선 이 두 세계에 대해 별 관심이 없었다. 그러나 이제 와 다시 정리해보면, 아무리 복잡해 보여도 결국 사람의 생 앞에는 두 가지 선택이 열려 있을 따름이라는 생각이 든다. 빛의 길이냐 어두움의 길이냐고, 이 두 길의 마지막에 도달할 곳은 천국과 지옥이리라는 것이다.

천국은 어떤 곳일까? 우선 모든 결핍이 없는 평화가 있는 곳, 밝고 정밀한 충일감과 기쁨이 있는 곳이 아닐까 생각해본다. 웬디 수녀 역시 천국은 "우리가 필요로 하는 만큼 평화로운 곳"이라고 했다. 아우구스티누스 또한 "어떤 악도 없으며 어떤 선도 부족하지 않고 커다란 행복과 진정한 평화가 있는 곳"이라고 했다.(『신국론』 22권 30) 그리고 이런 세계는 하나님이 다스리시는 세계에서만 가능하다고 믿었다. 이들에게 천국의 공통되는 속성은 평화이다.

반면 지옥은 어떤 곳인가? 우선 빛이 없는 곳, 어둡고 공포스러운 곳이리라. 그러나 무엇보다도 지옥이란 아무런 소망이 없고 아픔과 저주와 좌절만이 있는 곳일 것 같다. 『신곡』에 따르면 "탄식과 울음소리와 고함소리가 울려 퍼지고 영성뿐만 아니라 지식까지도 상실하고 점점 죄악으로 빠져 들어가는 세계"다. 성경은 지옥의 상태를 이렇게 묘사한다.

"(……) 말씀하시기를 악인은 지옥의 꺼지지 않은 불에 던져질 것인데 거기는 구더기도 죽지 않고 불도 꺼지지 않는다고 했다"(막 9:43~48)

"(……) 거기서 울며 이를 갊이 있으리라"(마 13:41~42)

죽음은 심판에 이르는 길이다. 아우구스티누스의 말처럼 생명이 죽어가는 것이 죽음이라면 살아 있으므로 죽어가고 죽어가므로 살아 있다. 그 점에서 사람들이 살아 있다고 말하는 것은 죽어가고 있다는 뜻이 된다.

　그러면 그곳에는 어떤 사람들이 가는 것일까? 단테의 『신곡』에서는 이들을 아주 구체적으로 적시하고 있다. 이기심의 외곬수로 산 사람들, 색욕의 죄인들, 향락 위주의 탐욕가, 욕심쟁이자 낭비벽이 있는 자들이 득시글거리며 어슬렁거리는 모습이 눈에 떠오른다. 분노한 자들, 분을 이기지 못하는 자들도 지옥행인데, 벌거벗은 채 서로를 때리고 부딪치고 발로 차는 등 미움의 세월을 보낸다. 신의 뜻을 거역해 대항하는 자들, 죄를 범한 사람들, 이단자, 폭력자, 지능적으로 사회적인 죄를 범한 망령들, 금전으로 성직을 매매한 자들이 해당된다. 이들 중에는 똥물을 덮어쓰고 비탄의 소리를 지르는 자나 발바닥에 불이 붙어 고통당하는 자들이 많다. 그들 외에도 지옥에 갈 자들이 명기되고 있으나 사실 지옥의 묘사는 더 소름끼치고 전율스럽다. 제25곡에 나오는 제8옥 제7호에서 단테가 본 끔찍한 장면은 이렇다.

　"아! 독자여, 설사 그대가 지금부터 내가 하는 말을 쉽사리 믿어주지 않는다 할지라도 이상할 것이 없다. 목격자인 나 자신조차도 반신반의 한 것이다. 내가 눈을 들고 천천히 그 도둑을 주시하고 있노라니 갑자기 가랑이가 여섯이나 되는 구렁이 한 마리가 그 한 놈에게 달려들어 온몸을 칭칭 감았다."

　아마 진정 지옥이 있다면, 그것은 단테가 묘사한 그대로, 보스가 그린 그림 그대로일 것이라는 생각이 들어 두렵다.

명화로 만나는 성경

최후의 심판을 소재로 한 대표작들

'최후의 심판'을 소재로 한 여러 그림이 있지만 나는 앞에서 소개한 보스의 3면 제단화와 한스 멤링의 작품, 그리고 미켈란젤로가 시스티나 성당 벽에 그린 것을 대표적인 것으로 꼽고 싶다. 이들은 각각의 특성을 지니고 있는데, 보스의 것은 어둠의 세계 심판에서 저주받은 자들을 중심으로 그렸다. 멤링의 세 폭짜리 그림 중 가운데 그림은 심판의 극적인 진행과 상황을 보여주나 양편 날개에 이들의 분리를 명확히 드러내고 있다. 예수님의 오른편에는 천국으로 가는 사람들의 행렬이, 예수님의 왼편에는 지옥으로 떨어지는 사람들이 나뉘어 그려져 있다. 미켈란젤로의 경우 심판에서 선택받은 자들에 더 강조점을 두어 버림받은 자들과 비교하지 않았나 싶다.

이들 세 사람은 거의 동시대를 살았으며, 모두 최후의 심판을 그렸다. 이는 시대적 배경이나 요청과 깊은 관계를 맺고 있을 것이다. 이들의 생애 시기가 독일 종교개혁이 시작되기 직전에 해당하며 미켈란젤로만 종교개혁 초기에 살았던 인물이라는 사실에 주목해야겠다.

왜 이 무렵에 이런 작품의 주문이 있었고, 화가는 이를 혼신을 다해 완성했을까. 사회 계도의 필요도 분명 있었겠지만 그 시대적 분위기가 이 문제에 깊숙이 젖어 있었으리라는 추측이 가능하다. 미켈란젤로의 작품에는 인물상에 고대 그리스와 인문주의 요소가 스며 있어 흥미롭다. 그의 「최후의 심판」은 당대 이미 여러 논쟁을 야기했다.

보이지 않는 세계를 보이게 그린다는 것은 쉬운 일이 아니다. 인간 모두가 죽음의 필연성에 결박되어 사는 한, 적어도 당대 사람들에게 이 심판의 문제는 자기 인생의 문제와 직결되어 최후의 심판을 생각하면 어딘가 어둡고 불안하고 두려운 느낌이 들었을 것이다. 하지만 내 스스로도 종말의 공포를 과장해 지나친 훈계적 의도로 이들 작품에 접근하고 싶지는 않다. 다만 그들이 그린 내용과 의도를 이해하는 데 도움이 됐으면 할 따름이다. 사실 그림에 담긴 것이 단순히 경고적 의미만은 아닐 것이다.

다시 온 당당한 메시아

미켈란젤로가 시스티나 성당 천장에 「천지창조」를 완성한 것은 1512년의 일로, 그의 나이 30대 후반이었다. 그는 확실히 조숙하고 천재적인 화가였다. 20대 초반 「피에타」와 「다비드」로 이미 국제적인 명성을 얻고 있었다. 그러나 빛에는 그림자가 따르는 것인가. 그 명성 때문에 자유롭게 작업하지 못하고 교황들의 주문에 얽매인 생활을 해야 했다. 그것도 율리우스 2세나 바울 3세와 같은 변덕 심한 교황들 밑에서 말이다.

「천지창조」가 마무리된 후 미켈란젤로는 다시 20~30년 동안 율리우스 2세의 기념비 제작에 온 삶을 바쳐야 했다. 조각상 모세(71쪽 참고)는 그의 대표작으로 르네상스 조각의 절정으로 불린다. 이 작업이 끝난 후 교황 바울 3세는 미켈란젤로에게 시스티나 성당 제단 벽에 「최후의 심판」을 그리도록 명했다. 시스티나 성당 천장에 「천지창조」를 완성한 지 4반세기가 지나서 이제 그는 예순이 넘었다.

그때는 종교개혁이 시작된 지 20여 년이 흘러 유럽의 종교와 정치가 격동하고 있었고 가톨릭계에서도 불확실한 사회상을 반영하듯 불경스런 질문들이 오고가고 있

「피에타」 미켈란젤로, 1498~99년, 성 베드로 성당

「최후의 심판」 미켈란젤로, 1534~41년, 바티칸 시스티나 성당

었다.

미켈란젤로가 후원자 메디치가와의 교유를 통해 고대 그리스 조각과 인문학에 깊이 영향을 받고 있었음은 앞서 언급했다. 또 그의 나이가 일흔에 가까워 삶과 죽음에 대해 이미 원숙한 통찰력과 깊은 사색의 경지에 이르러 이 그림에 임하는 자신의 입장은 오히려 자유로웠을지 모른다.

이 장엄한 그림의 중심에는 젊은 예수 그리스도가 건장한 몸으로 힘차게 서서 그의 오른손을 들어 심판하는 모습을 확실하게 보여주고 있다. 그는 수염을 기른 예수님이 아니요, 하늘의 보좌에 앉아 위엄 있게 판결하는 재판관의 모습도 아니다. 그는 다시 온 당당한 메시아다. 고대 그리스 조각의 아폴론이나 헤라클레스를 연상시킬 만큼 인체는 그리스풍으로 묘사돼 르네상스 분위기를 한껏 반영하고 있다.

예수님의 심판 신호는 온 우주를 뒤흔들어놓을 듯하다. 예수님을 중심으로 좌(관람자의 위치에서)에서 우로 인물들이 태풍처럼 회전한다. 왼쪽 아래에서 죽은 자가 부활해 꿈틀거리듯 일어나고 부활한 자들은 천사들의 도움을 받아 하늘로 치솟듯이 날아오르고 있다. 마치 새처럼 가벼운 몸짓으로 말이다. 반면 오른쪽 가운데와 아래에는 저주받은 자들이 천국에서 밀려나서 지옥으로 떨어져 가는 절박한 상황이 펼쳐지고 있다. 미켈란젤로는 올라가는 자와 떨어지는 자를 대조적으로 표현하고 있다.

예수님 오른쪽에 있는 성모 마리아는 지금 눈앞에 진행되고 있는 엄청난 일의 충격으로 움찔 뒤로 물러나 있다. 한 사람 건너 그의 오른편과 왼편에는 성인들과 선택받은 자들이 군집해 예수님을 둘러싸고 움직이고 있다. 성모 바로 곁에는 십자가를 붙잡고 성 안드레가 서 있고, 그 발밑에는 성 로렌스가 격자 석쇠를 들고 오

「최후의 심판」 부분

른편의 사도를 응시하고 있다. 성 안드레 옆에 아주 건장하게 보이는, 동물의 털을 두른 자가 세례 요한이다. 그는 여기 등장하는 많은 사람 가운데서 체격이 뛰어난 몇 사람 중의 하나로 한때는 그가 아담이라고 잘못 이해되기도 했다.

예수님의 오른쪽에 하얀 수염을 하고 양손에 천국의 열쇠를 들고 예수님께 무언가를 묻고 있는 자는 베드로임이 분명하다. 노란 망토를 입고 있는 그는 앞서의 세례 요한과 대칭을 이루고 있는 느낌이다. 그 밑에 심판자에게 칼과 자신이 순교할 때에 벗겨졌던 살 껍데기를 들고 보여주는 이가 바돌로매이다. 그 살 껍데기에 그려 넣은 얼굴이 고뇌에 찬 얼굴을 한 미켈란젤로의 자화상이다.

오른쪽으로 옮기면 긴 톱을 가진 시몬, 그 옆에 십자가를 든 선한 도둑, 다시 그 옆에 붉은 망토를 입고 양손에 양털 빗기는 빗을 든 성 블레이스, 고문당할 때 쓰인 바퀴를 들고 있는 알렉산드리아의 성 카타리나가 같이 어우러져 있다. 그리고 한 발 오른쪽 위로 십자가를 등에 지고 지옥 불을 내려다보고 있는 이가 구레네 사람 시몬이다.

크게는 3단계로 이루어지는 이 인류 최대의 사건에 등장한 인물만도 400여 명에 이른다고 한다. 선택받은 자들은 기쁨을 감추지 못해 표정이 환해지고 심판자 밑에 긴 나팔을 부는 천사들은 영혼들에게 심판을 받으라고 독려하고 있다. 그들의 아래쪽으로 왼편 천사는 생명의 책을, 오른쪽 천사는 나쁜 행적을 기록한 책을 펼쳐 붙들고 있는데, 사망의 책이 훨씬 더 커 보인다. 그 오른편에는 떨어지지 않으려는 저주받은 자와 심

「최후의 심판」 부분

판을 집행하려는 천사들 사이에 벼랑 끝 다툼이 일어나고 있다. 나팔 부는 천사들 곁에 공포에 질려 서 있는 자는 너무도 끔찍스러워 눈을 가리는데 그런 그를 마귀가 물어뜯고 지옥으로 밀쳐 떨어뜨리고 있다.

이들 아래에 지옥으로 가는 조상들에게 일어나고 있는 일이 가관이다. 배를 태워 지옥불 앞으로 싣고 와 이들을 내리는 장면이다. 그리스 신화의 뱃사람 신인 카

「최후의 심판」 부분

론은 노로 그들을 내리치고 있고, 그 눈은 마치 석탄불이 타듯이 분에 차 있다. 또 다른 신 미노스는 큰 구렁이에 온몸이 감겨 있고 귀는 당나귀 귀를 하고 있다. 그 뒤에는 이들이 던져질 지옥불이 타고 있는데 참으로 절박한 순간이다.

미켈란젤로는 이 작품을 시작한 지 5년여 만인 1541년 크리스마스이브에 완성했다. 이 작품은 완성된 당시 이미 비판과 논쟁의 대상이었다. 어느 추기경은 대부분 나체로 그려진 이 그림을 보고 "이 따위는 예배당이 아니라 술집 벽에나 어울리겠다"라고 비난했다. 교황은 이에 민망해 천을 그려 넣어 나체를 가릴 것을 제안했다고 한다. 그때 미켈란젤로는 "교황께서는 영혼이나 걱정하시고 몸뚱이는 나에게 맡기십시오"라고 대답했다고 한다. 또 누군가는 미켈란젤로가 성경을 한 줄도 읽지 않고 이 그림을 그렸다고까지 나무랐다. 왜냐하면 성경에 등장하지도 않는 인물이 나오고 심지어 입맞춤 하는 인물들도 그렸기 때문이다. 그러나 전기작가 H. 토머스는 그의 저서 『위대한 화가들』에서 "미켈란젤로는 인생의 막이 내리는 순간 그 자신이 예수님의 고난에 동참하는 인간이 되기를 원했다"라고 말하고 있다.

✛

「최후의 심판」 부분

이런 사연 때문에 이 벽화의 누드들은 미켈란젤로의 제자에 의해 부분적으로 옷이 입히는 변화를 겪었다. 이 프레스코화는 거의 주목을 받지 못하고 잊힌 듯했으나 근래에 그 위대함이 평가되어 만인에게 경탄받는 대상이 되었다. 이 그림이 르네상스 이후 시작되는 매너리즘 양식의 원조가 된 것은 우연이 아니다. 또 공포스럽고 고통스러운 얼굴들은 현대 미술의 표현주의에 한 영감을 제공했으리라.

{ 죄의 실상 }

계몽주의 시대와 그 시대 이후 진보주의자들은 종말을 예견치 않았고, 역사의 완성을 믿었다. 콩도르세는 행복의 완성을, 헤겔은 자유의 완성을, 마르크스는 공산주의의 실현을 기대했다. 다시 말해 역사 밖의 종말이 아니라 역사 안의 완성이다. 오늘의 우리 주변 세태도 종말에 대한 두려움 같은 것은 외면한 채 하루하루를 즐기며 그것으로 흡족해하는 것 같다. 어쩌면 오락이나 스포츠, 시각매체 같은 대중문화가 지향하는 것 중의 하나가 두려움과 허무에 대한 망각인지 모르겠다.

그러나 우리가 눈을 감는다고 우리의 온몸이 숨겨지는 것이 아니다. C. S. 루이스가 지적한 대로 우리는 화려한 겉모습에 속아서, 또 나만이 아닌 여러 사람이 다같이 저지르는 일이기에, 시간이 가면 죄가 사라질 것이라는 기대로 죄의 실상을 정직하게 바라보지 않는다. 그러나 조금만 자기를 정직하게 돌아보면 허물과 실수가 많은 자신을 발견하게 된다. 하나님 앞에서는 감출 수 있는 것이 아무것도 없다. 우리의 외양뿐 아니라 내면의식의 흐름까지 모두 하나님의 카메라에 찍히는 것이다. 나의 종말론에 대한 생각은 복잡한 논리에 기초를 두는 것이 아니다.

"사람의 행위가 자기 보기에는 모두 깨끗하여도 여호와는 심령을 감찰하시느니

라"(잠 16:2)

명화로 보는 성경,
영혼의 자양분

홍정길(남서울은혜교회 원로목사)

기독교와 함께 자란 서양미술은 미술 그 자체가 곧 성경이다. 구텐베르크가 성경을 인쇄하기 전까지 일반인들이 성경을 갖는다는 것은 너무나도 어려운 일이었을 뿐 아니라 라틴어 개역판 이외에는 읽을 수 없었기에 라틴어를 모르는 신자들은 근접할 수도 없던 책이었다. 그러한 때에 교회와 예술가들은 기독교 신앙을 전하기 위하여 성경의 설화나 메시지를 그림과 조각, 건축에 담아 사람들에게 전했다. 이렇게 서양미술은 오랜 세월 동안 성경과 함께 불가불리의 관계로 발전해왔다. 성경을 그린 그림들 중에는 명화가 많다. 성경에 기록된 인물들을 다수 그려 넣은 시스티나 성당의 그림들이 그 대표적인 예이다.

이석우 박사님의 『명화로 만나는 성경』은 성경을 바탕으로 그린 명화를 설명하면서 우리에게 글이 아니라 눈으로 볼 수 있는 성경을 펼쳐 보이고 있다. 커다란 감동으로 다가오는 이 책이 많은 사람들에게 읽히기를 바라며, 특별히 개신교 신자들이 많이 접하길 바란다. 개신교는 활자문화와 함께 자라났기 때문에 그들에게 성경은 '설명되고 읽히는' 책이었다. 그러나 개념이 아무리 구체적으로 설명된다고 할지라도 우리가 감성적으로 다가서기는 힘이 든다. 하지만 그림을 통해 보는 성경 이야기는 상상력을 자극하여 성경 시대로 우리의 마음을 인도한다.

문화시대라고 말하는 이때에 이 책 속 명화를 통해서 신자들은 성경을 만나는 기쁨을 누리고, 구도자들은 성경 속에서 진리를 만나 삶이 아름답게 영글어가는 축복을 누리게 될 것이다. 많은 사람들에게 이 책이 '명화로 보는 성경책'으로 읽혀 영혼의 자양분이 되기를 소망해본다.

명품 성화 해설서와의
만남

전광식(고신대 교수, 독수리학교 이사장)

군이 프랜시스 베이컨의 저서 명을 거론하지 않더라도 학문의 깊은 세계는 '숲들의 숲'이라 할수 있으리라. 특히 저기 말없이 우두커니 서 있는 자연물상을 다루는 과학에 비해 인간의 자유로운 정신세계의 산물과 그 족적을 다룬 문사철文史哲은 나같이 아직도 걸음걸이가 아둔한 촌부에게는 평생을 걸어도 다 섭렵하지 못할 깊고 넓은 학문의 숲이다.

그런데 황혼녘 지혜의 올빼미가 날갯짓하는 이 미네르바의 숲을 후산厚山 이석우 박사님은 도포자락 휘날리며 성큼성큼 큰 보폭으로 저만치 앞서가시더니만 어느새 숲길을 벗어나 뮤즈들의 언덕으로 가버리셨다. 그분이 휘젓고 돌아다닌 숲들을 뒤따라가며 살펴보면 사학의 숲인가 싶더니 문학의 숲이었고, 문학의 숲인가 싶더니 철학의 숲이었으며, 철학의 숲인가 싶더니, 아니 신학의 숲이었다.

학문의 숲을 제대로 누비지도 못한 채 나도 허겁지겁 그 길을 따라 간신히 뮤즈 언덕 모퉁이에 발을 딛고 바라보니, 벌써 도착한 이석우 박사님은 언덕바지에 앉아 따온 그림 꽃들로 크고 아름다운 꽃바구니 하나를 이미 완성한 터였다. 나를 보더니 반갑게 손짓하며 이 아름다운 꽃바구니 좀 보라고 재촉하셔서 달려가보니 아, 형형색색의 꽃들이 가득한 큰 꽃바구니가 그윽한 향기를 풍기며 고운 자태를 뽐내고 있었다. 화사한 꽃들로 치장한 그림 꽃바구니를 바라보니, 그것은 마치 그 옛날 어머니의 베틀에서 신기한 마법의 상자같이 술술 흘러나오던 삼베나 모시처럼 갖가지 날줄과 씨줄로 짜여 있었다. 이석우 박사님의 책을 권하는 이유는 이렇다.

첫째, 『명화로 만나는 성경』은 미네르바의 씨줄과 뮤즈의 날줄로 되어 있다. 후산 선생은 폭

넓은 인문학적 지식과 탁월한 예술적 안목을 지닌 분이다. 따라서 선생의 이 책은 서양의 역사와 문화, 문학과 신학에 대한 학문적 넓이와 서양미술에 관한 예술적 깊이가 절묘하게 어우러진 수작이다.

둘째, 이 책은 아테네의 씨줄과 예루살렘의 날줄로 되어 있다. 후산 선생은 예술과 문명의 역사에 대한 박학한 지식을 지니고 있으면서 기독교 신앙을 자신의 학문 세계나 예술 영역에서 분명하게 표현하는 경건한 신자이시다. 따라서 선생의 이 성화 안내서는 명화를 보고 해석하는 비범한 심미안과 출중한 해석력, 그리고 기독교적 의미를 이끌어내고 제시하는 신앙적 관점이 오묘하게 조화된 걸작이다.

셋째, 이 책은 독만권서의 씨줄과 행만리로行萬里路의 날줄로 되어 있다. 후산 선생은 많은 저서들과 논문들을 낸 진정한 학자요 상아탑의 연구자이면서 동시에 전 세계를 다니며 유랑하기를 즐겨하는 유목민이다. 따라서 선생의 이 명화 해설서는 작품이나 사조, 그리고 배경지식과 관련한 수많은 서책들과 정보를 섭렵한 그의 서치적書癡的 기질과 작품 소장처 및 화가의 족적을 찾아, 온 세상을 누비고 확인한 그의 현장 조사적 노력이 합해진 역작力作이다.

넷째, 이 책은 재주의 씨줄과 덕성의 날줄로 되어 있다. 후산 선생은 그림을 해석하는 능력뿐 아니라 직접 그림을 그리는 화가로서의 재능까지 지니고 있고, 가일층 그 재주를 뛰어넘는 고매한 인품까지 지니신 참된 군자요, 이 시대 마지막 선비라고 해도 과언이 아니다. 따라서 선생의 이 책은 비범한 예능적 재주뿐 아니라 겸손과 소박함 같은 인격의 향기가 그윽이 풍기는 명작이다.

이렇게 볼 때 이 책은 르네상스 시대부터 현대에 이르는 500여 년 서양미술사의 주옥같은 성화 선정, 그림의 장면과 상징에 대한 정확한 설명, 작품의 예술사적 사조와 내력에 관한 폭넓은 정보, 그림의 배경이 되는 성경 이야기에 대한 정확한 지식, 표면적 의미 찾기만 아니라 이면적인 의도 읽기까지 시도한 심층적 분석, 작품이 제시하는 사상이나 교리뿐 아니라 신앙과 삶의 교훈까지 끄집어내는 심오한 해석, 문학적 수사와 철학적 사유가 어우러진 인문학적 글쓰기, 그리고 그때와 지금, 거기와 여기를 넘나드는 통시적이고 공시적인 조망, 무엇보다 숲을 보는 거시적 시각과 나뭇잎을 보는 미시적 관찰이 조화를 이룬 그야말로 '명품 성화 해설서'이다.

　그러므로 누구든지 명화가 풍기는 은은한 화향畵香을 맡으려면 후산의 이 그림책을 들춰보아야 하리라. 또 피곤한 나그네 인생길에서 복된 소식을 만나려면 후산의 이 미술책을 펼쳐보아야 하리라. 그래도 만족하지 못한다면 어쩌랴. 그대도 후산처럼, 또 나같이 어설픈 흉내쟁이처럼 뮤즈의 산으로 갈 수밖에.

명화로 만나는 성경

「아담의 창조」에서 「최후의 심판」까지
그림 감상으로 접하는 주님의 섭리와 가르침

ⓒ이석우 2013

1판 1쇄 | 2013년 11월 1일
1판 2쇄 | 2016년 3월 22일

지 은 이 | 이석우
펴 낸 이 | 정민영
책임편집 | 권한라
편   집 | 손희경
디 자 인 | 이현정
마 케 팅 | 이숙재
제 작 처 | 한영문화사

펴 낸 곳 | (주)아트북스
출판등록 | 2001년 5월 18일 제406-2003-057호
주   소 | 10881 경기도 파주시 회동길 216 2층
대표전화 | 031-955-8888
문의전화 | 031-955-7977(편집부) 031-955-3578(마케팅)
팩   스 | 031-955-8855
전자우편 | artbooks21@naver.com
트 위 터 | @artbooks21
페이스북 | www.facebook.com/artbooks.pub

ISBN   978-89-6196-150-9 03230

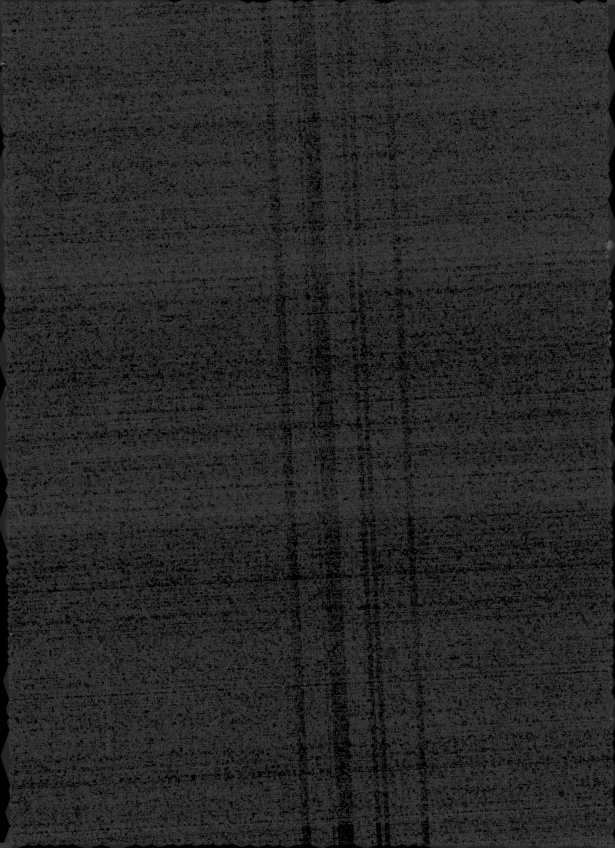